사물의 표시

사물의 표시

방법에 관하여

조르조 아감벤 지음 | 양창렬 옮김

난장
nanjang

일러두기

1. 이 책은 다음의 책을 한국어로 옮긴 것이다. Giorgio Agamben, *Signatura rerum: Sul metodo* (Torino: Bollati Boringhieri, 2008). 번역과 교열 과정에서 참조한 프랑스어판·영어판·독일어판·일본어판은 순서대로 아래와 같다.

   • *Signatura rerum: Sur la méthode*, trad. Joël Gayraud (Paris: Vrin, 2008).
   • *The Signature of All Things: On Method*, trans. Luca D'Isanto with Kevin Attell (New York: Zone Books, 2009).
   • *Signatura rerum: Zur Methode*, übers. Anton Schütz (Frankfurt am Main: Suhrkamp, 2009).
   • 『事物のしるし: 方法について』, 岡田温司·岡本源太 翻訳 (東京: 筑摩書房, 2011).

2. 이탈리아어판과 달리 지은이가 인용한 구절들의 서지사항은 모두 후주로 처리했다. 지은이가 인용 쪽수 등을 잘못 적은 경우 바로잡았고, 외국 저작의 이탈리아어 번역판의 쪽수를 적은 경우에는 해당 저작의 원본 쪽수로 고쳐 적었다. 본문에서 인용된 저작이나 논문 중 한국어판이 있는 경우에는 한국어판의 해당 쪽수를 표기하되 번역은 일부 수정했다.

3. 이탈리아어판에서 사용된 외국어(희랍어, 라틴어, 프랑스어, 독일어 등)의 경우 그대로 표기하는 것을 원칙으로 하되, 읽는이들의 이해를 돕고자 번역을 병기했다. 희랍어를 로마자로 표기하는 방식은 지은이의 것을 그대로 따랐다.

4. 지은이가 이탤릭체로 강조한 부분은 모두 고딕체로 표기했다.

5. 옮긴이의 추가 설명이 필요한 경우 대괄호([ ]) 안에 그 내용을 덧붙였다.

6. 단행본·전집·정기간행물·팸플릿·영상물·음반물·공연물에는 겹낫표(『 』)를, 그리고 논문·논설·기고문·단편·미술 등에는 홑낫표(「 」)를 사용했다.

차 례

서 문

인간과학의 연구 실천에 익숙한 사람이라면 통념과 달리 대부분의 경우 방법에 관한 성찰이 연구 실천에 앞서기보다는 뒤따른다는 것을 알고 있다. 그러므로 친구들이나 동료 연구자들끼리 토론할 때에는 어떤 의미에서 마지막 혹은 끝에서 두 번째 사유가 중요하다. 그리고 오랫동안 연구하는 습관을 들여야만 이를 정당화할 수 있다.

여기에 모은 세 편의 연구에는 방법과 관련된 특정한 세 가지 물음에 대한 저자의 성찰이 담겨 있다. 패러다임 개념, 표시론, 역사와 고고학의 관계가 그것이다. 이 성찰들이 번번이 미셸 푸코라는 연구자(저자는 최근 푸코에게서 많은 것을 배울 기회를 가졌다)의 방법에 내한 탐구처럼 보인다면, 그것은 책에서 논의되지 않은 방법론적 원칙들 중 하나(저자가 발터 벤야민에게 빚진 원칙) 때문이다. 그것은 바로 이론이란 해석의 형태로만 정당하게 설명될 수 있다는 것이다. 주의 깊은 독자라면 이 세 편의 연구에서 푸코에게 돌아가야 하는 것과 저자에게 속하는 것, 혹은 두 사람 모두에게 관계된 것을 구별할 수 있을 것이다. 통념과 달리 방법은 논리와 마찬가지로 그것이 작동하는 맥락으로부터 완전히 떼어낼 수 없다. 모든 분야에서 효력을 발휘하는 방법은 존재하지 않는다. 마찬가지로 자신의 대상과 분리될 수 있는 논리는 존재하지 않는다.

이 책에서 역시 논하지는 않지만 저자가 자주 쓰는 또 다른 방법론적 원칙에 따르면, 예술이든 과학이든 사상이든 모든 작품에서 진정 철학적 요소는 루트비히 포이어바흐가 발전가능성^{Entwicklungsfähigkeit}이라고 부르는 것이다. 이 원칙을 따를 때 비로소 한 작품의 저자에 속하는 것과 이를 해석하고 발전시키는 자에게 속하는 것 사이의 차이가 본질적으로 되는 만큼이나 파악하기 힘들어진다. 저자는 제 것이 아닌 사유나 연구 경로를 제 것으로 삼으려는 위험을 무릅쓰기보다는 저자가 타인의 텍스트로부터 정립한 것을 타인의 텍스트에 귀속시키는 위험을 무릅쓰는 편을 택했다.

더욱이 인간과학의 모든 연구는 (그리고 방법에 관한 이 책의 성찰 또한) 고고학적 신중함을 지녀야만 할 것이다. 즉, 자신의 경로에서 어떤 것이 모호하고 주제화되지 않은 채로 남겨진 지점으로까지 거슬러 올라가야만 한다. 자신이 말하지 않은 것을 감추지 않고 끊임없이 그것을 다시 붙들어 발전시키는 사유만이 경우에 따라서 독창성을 주장할 수 있다.

1장. 패러다임이란 무엇인가?

Che cos'è un paradigma?

1. 연구를 하면서 나는 호모 사케르, 무젤만, 예외 상태, 강제수용소 같은 형상들을 분석하는 데 이르렀다. 이것들은 저마다 정도는 다르지만 분명히 실증적인 역사 현상이다. 하지만 나는 그것들을 패러다임으로 다뤘다. 패러다임의 기능은 더 광범위한 역사-문제틀적 맥락 전체를 구성하고, 이해할 수 있게 만드는 것이다. 이런 전개는 몇 가지 오해를, 특히 내가 순전히 역사서술적 성격의 테제나 재구성을 제시할 생각이었다고 다소 진심으로 믿었던 사람들에게 오해를 낳았기에, 나는 이참에 철학과 인간과학에서 패러다임을 사용하는 것의 의미와 기능에 관해 집중하려 한다.

미셸 푸코는 자신의 지술에서 '패러다임'이라는 표현을 명확하게 정의하지 않고 여러 차례 사용했다. 게다가 『지식의 고고학』과 후속 작업에서, 푸코는 자신의 연구 대상을 역사학의 대상과 구별하기 위해 '실증성,' '문제설정,' '장치,' '담론 형성체,' 좀 더 일반적으로는 '지식' 같은 용어들로 지칭했다. 푸코는 1978년 5월 [27일의] 프랑스 철학회 강연에서 '지식'을 이렇게 정의한다. "지식[앎]이라는 단어는 어느 특정 분야가 일정한 시기에 수용될 수 있었던 모든 절차와 인식 효과를 지시합니다." 그리고 푸코는 지식과 권력 개념 사이의 필연적 관계를 보여주려고 곧바로 다음과 같이 부연한다.

왜냐하면 한편으로 지식의 요소가 일정한 시대에 어떤 과학 담론 유형에 고유한 규칙이나 제약의 총체에 부합하지 않는다면, 다른 한편으로 그것이 과학적이거나 단지 합리적이거나 일반적으로 수용됨으로써 효력을 발휘하는 것의 전형적인 강제 효과들을 받지 않는다면, 우리는 사실상 지식의 요소를 만들 수 없습니다.[1]

이미 몇몇 사람들이 이 개념들과 토마스 쿤이 『과학혁명의 구조』(1962)에서 '과학적 패러다임'이라고 부른 것이 유사하다고 지적한 바 있다. 예컨대 허버트 드레퓌스와 폴 래비노우는, 푸코가 패러다임의 작동을 주제로 삼은 적은 없지만 "그의 최근 작업은 [직접 말로 표현하지는 않으나] 이런 통찰을 사용하는 경로를 따르는 것이 분명하다. 그는 어떤 한 패러다임의 역사적 분절로서의 담론 서술을 행하고 있다. 또한 사회적 패러다임을 떼어내 서술하고 그것을 구체적으로 적용하는 것에 주로 의존하는 방식으로 분석론에 접근한다"[2]고 주장한다.

푸코는 『말과 사물』을 완성한 다음에야 쿤의 '놀랍고도 결정적인' 저작을 읽었다고 밝혔다.[3] 하지만 푸코는 자기 연구에서 그 저작을 거의 참조하지 않을 뿐 아니라, 조르주 캉길렘[이 쓴 『정상과 병리』]의 미국판 서문(1978)에서는 심지어 거리를 두는 듯이 보인다.

이것[정상/규범]은 이론적인 구조나 현실적 패러다임 같은 것이 아니다. 왜냐하면 오늘날 과학적 진리는 그 자체가 기껏해야 하나의 잠정적인 일화에 불과하기 때문이다. 우리는 쿤이 말하는 '정상과학'에 의존해 과거로 돌아가서 과학의 역사를 유효하게 추적할 수 있는 것은 아니다. 과학사는 '정상화/규범화' 과정(현재의 지식은 그 과정의 한 계기일 뿐이다)을 재발견하는 것이다.[4]

그러므로 무엇보다 이 두 방법 사이의 유사성이 오히려 상이한 문제, 전략, 연구 수준에 대응하는 것은 아닌지, 그리고 푸코 식 고고학의 '패러다임'이 쿤이 말하는 과학혁명의 출현을 표식하는 패러다임의 동음이의어에 지나지는 않는지 따져 봐야 할 것이다.

2. 쿤은 자신이 패러다임 개념을 두 가지 상이한 의미로 사용했음을 인정한다.[5] 첫 번째 의미에서 패러다임은 어떤 특정

과학 공동체의 성원들이 공유하는 것, 즉 공동체 성원이 많든 적든 의식적으로 고수한 기술, 모델, 가치 전체를 가리킨다. 쿤은 이것을 '분과학문의 모체'라는 용어로 대체할 것을 제안한다. 두 번째 의미에서 패러다임은 공통의 예 노릇을 하며 명시적 규칙을 대신해 특수하고 일관된 연구 전통을 정의할 수 있게 해주는, 전체의 개별적 요소이다(아이작 뉴튼의 『프린키피아』나 프톨레마이오스의 『알마게스트』).

쿤이 루드빅 플렉의 '사고양식'Denkstil 개념(이것은 '사고집합체'Denkkollectiv의 내부에 관여하는 것과 그렇지 않은 것을 정의한다)을 발전시킬 때 관건은 패러다임을 통해 정상과학을 구성할 수 있게 해주는 것이 무엇인지 검토하는 것, 즉 공동체가 과학적이라고 생각하게 되어 있는 문제들과 그렇지 않은 문제들을 결정하는 것이다. 이런 의미에서 정상과학이란 엄밀하고 일관된 규칙 체계에 의해 지배되는 과학을 뜻하지 않는다. 반대로 쿤에 따르면, 규칙이 패러다임에서 파생되기 때문에 패러다임은 규칙이 없을 때에도 "정상과학을 결정할 수 있다."[6] 이것이 패러다임 개념의 두 번째 의미이다. 쿤은 그것을 "가장 새롭고," 심오한 것으로 간주했다.[7] 패러다임이란 단순히 하나의 예, 개별 사례인 것이다. 그것은 반복 가능성을 통해서, 과학자들의 연구 활동과 실천을 암암리에 틀에 맞추는 능력을 획득한다. 이처럼 과학성의 전범典範인 규칙의 지배를 패러다임의 지배가 승계하며, 보편적 법칙 논리를 특정하고 개별적인 예의 논리가 승계한다. 그리고 옛 패러다임이 그것과 양립 불가능한 새 패러다임으로 대체될 때, 쿤이 과학혁명이라고 부르는 것이 일어난다.

3. 푸코의 연구에서 가장 일관된 정향 중 하나는 권력 문제에 대한 전통적 접근법의 폐기이다. 전통적 접근법은 사법·제도의 모델과 보편적 범주(법, 국가, 주권론)에 바탕을 뒀다. 이것들 대신에 푸코는 권력이 신민의 신체 자체에 침투하고, 신민의 삶의 형태를 통치하는 데 쓰는 구체적 장치들을 내세운다. 여기서 [푸코의 접근법과] 쿤의 패러다임 사이의 유사성이 확증되는 듯 보인다. 쿤이 정상과학을 구성하는 규칙들을 식별·검토하는 일을 제쳐두고 과학자들의 행동을 결정하는 패러다임들에 집중했듯이, 푸코는 권력 이론에서 사법 모델이 지닌 전통적 우위를 문제시함으로써 국가가 개인들의 생명/삶을 부양하기 위해 쓰는 다양한 규율과 정치기술을 전면에 내세운다. 쿤이 정상과학을 규정하는 규칙 체계로부터 정상과학을 분리했듯이, 푸코는 법적 절차의 사법 체계로부터 규율권력을 특징짓는 '규범화/정상화'를 구별한다.

이 두 방법이 가깝다는 것이 의심의 여지가 없는 만큼, 푸코가 쿤에 대해 침묵할 뿐 아니라 특히 『지식의 고고학』에서 패러다임이라는 용어를 피하려고 신경 쓰는 것 같다는 사실은 그만큼 더 수수께끼처럼 보인다. 확실히 이 침묵의 이유는 개인적인 것일 수도 있다. 조지 스타이너는 [『말과 사물』의 서평으로서, 『뉴욕타임스 북리뷰』(1971년 2월 28일자)에 기고한 「당대의 고관대작: 미셸 푸코」라는 글에서] 푸코가 쿤의 이름을 언급하지 않았다고 비난한 바 있다. 푸코는 스타이너에게 답하면서 자신이 『말과 사물』을 집필한 후에야 쿤의 책을 읽었다고 한 뒤 이렇게 말하고 있다. "그래서 나는 쿤을 인용하지 않고, 쿤의 사유를 형성하고 그에게 영감을 주었던 과학사가를 인용했던 것입니다. 조르주 캉길렘 말입니다."[8] 이런 주장은 적어도 놀라운 것이다. 왜냐하면 쿤은 실제로 두 명의 프랑스 인식론자인 알렉상드르 코이레와 에밀 메이예르송에게 빚졌다고 서문에서 밝히고 있지만, 그 책에서 캉길렘은 언급조차 하지 않기 때문이다. 푸코가 경솔하게 그렇게 주장할 수는 없었을 것이므로, (푸코와 캉길렘 사이의 밀접한 관계를 볼 때) 푸코는 쿤에게 [캉길렘을 간과한] 쿤의 무례를 되돌려주려 했을 수 있다. 하지만 설령 푸코가 그렇게 개인적인 동기에 무감각하지 않았다고 하더라도, 푸코가 침묵했던 이유가 단순히 이런 종류의 것일 수 없음은 분명하다.

4. 푸코가 쓴 것을 더 주의 깊게 읽어보면, 이 미국 인식론자의 이름을 거론하지 않더라도, 푸코가 실제로 여러 기회에 쿤의 패러다임 개념을 고려하고 있음을 알 수 있다. 1976년에 알레산드로 폰타나와 파스콸레 파스퀴노와 했던 인터뷰에서, 푸코

는 불연속성 개념과 관련해, 자신이 다루는 '담론 체제'와 [쿤의] '패러다임'을 명시적으로 대립시킨다.

따라서 내용의 변화(옛 오류의 논박, 새로운 진리의 발견)도, 이론적 형식의 변이(패러다임의 갱신, 체계 전체의 수정)도 아닙니다. 문제가 되는 것은 언표들을 **통제하는**^{régit} 것이요, 그리고 언표들이 서로를 **통제함으로써**^{régissent} 과학적으로 받아들여질 수 있고, 과학적 절차를 통해서 검증되거나 반증될 수 있는 명제들 전체를 구성하게 되는 방식입니다. 요컨대 과학적 언표의 정치, 그 체제^{régime}의 문제인 것입니다. 이 수준에서 관건은 바깥으로부터 과학을 압박하는 권력이 무엇인지 아는 것이 아니라, 어떤 권력 효과들이 과학적 언표들 사이를 순환하고 있는지를 아는 것입니다. 말하자면 과학적 언표의 내적인 권력 체제란 무엇일까요? 어떻게 그리고 왜 어떤 순간에 그 체제는 전반적으로 변경될까요?[9]

몇 줄 뒤에서 푸코는 『말과 사물』을 참조하며 담론 체제(순수하게 정치적인 현상)와 패러다임(과학적 진리의 기준) 사이의 거리를 재차 주장한다. "제 작업에 빠져 있던 것은 이 담론 체제의 문제, 즉 언표의 작용에 고유한 권력 효과라는 문제였습니다. 저는 그것을 체계성이나 이론적 형식 또는 패러다임 같은 어떤 것과 너무 혼동했습니다."[10]

푸코는 [자신의 담론 체제와] 쿤의 패러다임과의 근접성을 심지어 어떤 점에서 아주 강하게 느꼈다. 하지만 이는 [그 둘이] 실제 가까웠던 것이 아니라 혼동의 결과였다. 푸코에게 결정적이었던 것은 인식론 패러다임에서 정치로 자리를 옮기는 것, 언표 및 담론 체제의 정치라는 평면으로 이전하는 것이었다. 거기서는 "이론적 형식의 변이"가 더는 문제시되지 않고, 오히려 요소들이 서로 집적해 하나의 전체를 이루는 방식을 결정하는 "내적인 권력 체제"가 문제시된다.

이런 관점에서 『지식의 고고학』을 읽으면, 푸코가 이미 1969년에(그렇다고 이름을 대놓고 언급하지는 않지만) 의식적으로 자신의 연구 주제를 쿤의 패러다임으로부터 구별하고자 했음을 알 수 있다. 푸코가 다루는 담론 형성체는 "주어진 시간의 어느 순간에 있는 인식 상태"를 정의하지 않는다.

그것[담론 형성체]은 그 순간부터 증명될 수 있었고, 완전히 획득한 지위를 차지할 수 있었던 것에 대한 대차 대조표를 수립하지 않으며, 거꾸로 증거도 충분한 증명도 없이 받아들여진 것 또는 공통된 믿음에 의해 수용됐거나 상상력에 의해 요구됐던 것에 대한 대차 대조표를 수립하지도 않는다. 실증성들을 분석한다는 것은 하나의 담론 실천이 어떤 규칙들을 따라서 대상의 무리, 언표행위들의 집합, 개념의 작용, 일련의 이론적 선택을 형성할 수 있는가를 보여주는 것이다.[11]

조금 더 가서, 푸코는 쿤의 패러다임에 대응하는 것처럼 보이는 어떤 것을 서술하는데, 그것을 오히려 '인식론적 형상' 또는 '인식론화의 문턱'이라고 부르고 있다.

담론 형성체의 작용에서 언표들의 한 집합이 부각되고 검증과 일관성의 규범을 (성공하지 못하더라도) 내세우고자 할 때, 그리고 그것이 지식에 관해서 (모델의, 비판의 또는 검증의) 지배적 기능을 실행할 때, 우리는 담론 형성체가 **인식론화의 문턱**을 넘어선다고 말할 수 있을 것이다. 그렇게 묘사된 인식론적 형상이 일정수의 형식적 기준을 따를 때…….12)

용어상의 변화는 단순히 형식적인 것이 아니다. 여기서 푸코는 『지식의 고고학』의 전제들과 완전히 일관된 방식으로, 주체(과학 공동체의 성원)를 감안해 정상과학의 구성을 가능케 하는 기준으로부터, 주체를 전혀 참조하지 않는 '언표들의 집합'과 '형상'("언표들의 한 집합이 부각되는," "그렇게 묘사된 …… 형상")의 순수한 현존을 향해 주의를 옮기고 있는 것이다. 그리고 다양한 유형의 과학사에 대해서 푸코가 **에피스테메**라는 고유한 개념을 정의할 때, 거기서도 규범이나 공통 공리를 주체에게 강제하는 세계관이나 사유구조 같은 것을 특정하는 것이 문제가 아니다. 오히려 에피스테메란 "어느 특정 시대에 있어서, 인식론적 형상, 과학, 경우에 따라서는 공식화된 체계를 낳는 담론 실천들을 통일할 수 있는 관계들의 집합"[13]인 것이다. 에피스테메는 쿤의 패러다임처럼 어느 특정 시대에서 알 수 있는 것을 정의하는 것이 아니라, 어떤 담론 내지 어떤 인식론적 형상이 존재한다는 사실 속에 함축되어 있는 것을 정의한다. 즉, "과학적 담론의 수수께끼에서 에피스테메가 작동시키는 것은, 그 과학적 담론이 과학이 될 수 있는 권리가 아니라 그것이 존재한다는 사실이다."[14]

『지식의 고고학』은 역사서술에 관한 불연속주의 선언으로서 읽혀왔다. 이런 정의가 정확하든 아니든(푸코는 몇 번이나 그것을 부인했다), 분명한 것은 그 책에서 푸코가 어디까지나 맥락과 전체를 구성하는 것에, 즉 '형상'과 계열의 실증적 존재에 가장 흥미를 느꼈던 것처럼 보인다는 점이다. 다만 이 맥락은 아주 특수한 인식론적 모델을 따라 산출된다. 이 인식론적 모델은 역사 연구에서 일반적으로 인정되는 것과 일치하지 않으며, 쿤의 패러다임과도 일치하지 않는다. 이제 이 인식론적 모델을 식별하는 것이 문제가 될 것이다.

5. 푸코가 『감시와 처벌』 3부에서 분석했듯이, 판옵티즘[일망감시 체제]이 있다고 해보자. 여기서 관건은 판옵티콘[일망감시장치]이라는 어떤 개별적인 역사 현상이다. 1791년 더블린에서 제레미 벤담은 판옵티콘이라는 건축 모델에 관해 『판옵티콘, 즉 온갖 종류의 시설에 적용 가능한 새로운 건축원리의

아이디어를 담고 있고, 그 속에서는 어떤 종류의 사람도 감시 아래 놓이는 감시소……』라는 제목의 책을 출판했다. 푸코는 판옵티콘의 본질적인 성격을 이렇게 환기시킨다.

주위는 원형의 건물이 에워싸고 있고, 그 중심에는 탑이 하나 있다. 탑에는 원형 건물의 안쪽으로 향해 있는 여러 개의 큰 창문들이 뚫려 있다. 주위의 건물은 독방들로 나뉘어 있고, 독방 하나하나는 건물의 앞면에서부터 뒷면까지 내부의 공간을 모두 차지한다. 독방에는 두 개의 창문이 있는데, 하나는 안쪽을 향해 탑의 창문에 대응하는 위치에 나 있고, 다른 하나는 바깥쪽에 면해 있어서 이를 통해 빛이 독방에 구석구석 스며들어갈 수 있다. 따라서 중앙의 탑 속에는 감시인을 한 명 배치하고, 각 독방 안에는 광인이나 병자, 죄수, 노동자, 학생 등 누구든지 한 사람씩 감금할 수 있게 되어 있다. 역광선의 효과를 이용해 주위 건물의 독방 안에 있는 수감자의 윤곽이 정확하게 빛 속에 떠오르는 모습을 탑에서 파악할 수 있는 것이다. 그것은 …… 수많은 작은 무대들이자 수많은 감방이다.15)

하지만 판옵티콘은 동시에 "그 기능이 일반화할 수 있는 모델,"16) '판옵티즘,' 즉 '어떤 전체의 원리'이자 "권력의 일망감시적인 양식"17)이기도 하다. 그 자체로 판옵티콘은 "모든 특별한 용도로부터 분리시켜 가동할 수 있고, 또한 그렇게 해야

다이어그램 혹은 패러다임으로서의 판옵티콘 푸코가 말하는 판옵티콘은 단순히 규율권력의 한 사례인 것만이 아니다. 스스로 분명히 언급했듯이, 푸코에게 판옵티콘이란 오히려 권력 메커니즘을 이상적인 형태로 압축해서 보여주는 일종의 '다이어그램'(도식)으로서, 모든 장애와 마찰에 부딪혀 실제로는 다양한 특성을 띠게 될 수밖에 없는 권력기제의 기능 그 자체를 보여준다. 이 점을 처음 제대로 강조한 질 들뢰즈는 푸코의 '다이어그램'을 '지도'(carte) 혹은 '추상기계'(machine abstraite)라고도 불렀다(위 도판은 니콜라-필립 아루-로맹[Nicolas-Philippe Harou-Romain]의 『형무소 계획』 [*Projet de pénitencier*, 1840]에 나오는 형무소 설계도).

하는 정치 기술의 형태"이다. 그것은 "몽상적인 건물"인 것이 아니라, "이상적 형태로 압축된 어떤 권력 메커니즘의 다이어 그램"이다.[18] 요컨대 판옵티콘은 고유한 의미에서 패러다임 으로서 기능한다. 즉, 동일한 부류의 다른 모든 것에 들어맞으 며, 그것이 부분이자 구성 요소가 되는 전체에 대한 이해 가능 성을 정의하는 독특한 대상으로서 기능한다. 『감시와 처벌』을 읽은 사람이라면 잘 알겠지만, 규율에 관한 절 말미에 나오는 판옵티콘은 권력의 규율적 양상을 이해하는 데 결정적인 전 략적 역할을 담당한다. 그리고 판옵티콘은 근대의 규율세계를 정의하는 동시에 이로부터 통제사회로 이행하는 문턱을 표식 한다는 점에서 일종의 인식론적 형상이 된다.

푸코의 저작에서는 하나의 고립된 사례가 문제가 아니었 다. 정반대로 판옵티콘은 이런 의미에서 푸코의 방법을 그것 이 지닌 가장 특징적인 제스처의 측면에서 정의한다고 말할 수 있다. **대감금**, 고해성사, 조사, 시험, 자기 배려. 이 갖가지 개 별 역사 현상들을 푸코는 패러다임들로 다뤘으며, 이 점이 역 사서술에서 푸코의 연구가 지닌 특정성을 이룬다. 패러다임들 은 그것들이 구성하는 동시에 이해 가능하게 만드는 더 광범 위한 문제설정적 맥락을 규정한다.

순전히 연대기상의 휴지(休止)를 통해 생겨난 맥락보다 은유 적인 장들에 의해 산출된 맥락이 적절하다는 사실을 푸코가 보여줬다는 지적도 있다.[19] 마르크 블로크의 『기적을 행하는 왕』,20) 에른스트 칸토로비치의 『왕의 두 신체』,21) 뤼시엥 페브르의 『16세기의 무신앙 문제: 라블레의 종교』22) 같은 책에 이미 나타난 방향을 좇아서, 푸코는 환유적인 맥락(18세기, 남부 프랑스)의 배타적 패권으로부터 역사서술을 해방해 은유적 맥락에 우위를 부여했을 수 있다. 이 지적이 옳은 것이 되려면, 적어도 푸코에게는 은유가 관건이 아니라 우리가 봤던 의미에서의 패러다임, 즉 기표의 은유적 전이의 논리를 따르는 것이 아니라 예의 유비적 모델을 따르는 패러다임이 관건임을 명시해야 한다. 여기서는 동일한 의미론 구조에 의거해 이질적인 현상들을 지칭하기 위해 확장된 기표를 쓰는 것이 문제가 아니다. 은유보다는 알레고리와 더 비슷한 패러다임은 그것이 속한 맥락에서 떼어내 다룰 수 없는 개별 사례이다. 패러다임이 [맥락에서] 떼어질 수 있는 경우는, 패러다임의 고유한 개별성을 제시함으로써 그것에 의해 동질성이 구성되는 새로운 전체를 이해 가능케 할 때뿐이다. 따라서 예를 드는 것은 복잡한 행위이다. 그것은 패러다임의 역할을 맡는 항이 통상의 사용으로부터 비활성화됨을 전제한다. 이는 다른 영역으로 옮겨지기 위해서가 아니라, 거꾸로 다른 식으로는 제시할 수 없는 이 사용의 전범을 보여주기 위해서이다.

섹스투스 폼페이우스 페스투스가 전하는 바에 따르면, 고대 로마인들은 exemplar와 exemplum을 구별했다고 한다. 감각으로 관찰되는(눈에 보이는$^{oculis\ conspicitur}$) exemplar는 '우리가 모방해야 할 것'exemplar est quod simile faciamus을 지시한다. 거꾸로 exemplum은 (단순히 감각적이지 않은, 영혼에 의해 평가되는animo aestimatur) 더 복잡한 평가를 요구하고, 특히 도덕적이고 지성적인 의미를 띤다. 푸코적인 패러다임은 이 두 관념을 묶는다. 그것은 정상과학의 구성을 강제하는 본보기와 모델일 뿐만 아니라 무엇보다 우선 exemplum인 바, 언표들과 담론 실천을 이해 가능한 새로운 전체와 문제설정적인 새로운 맥락으로 끌어모을 수 있게 해준다.

6. 예에 대한 인식론의 표준 전거는 아리스토텔레스의 『분석론 전서』에 있다. 거기서 아리스토텔레스는 패러다임에 의한 절차를 귀납·연역과 구별한다. 아리스토텔레스는 이렇게 쓰고 있다. "분명히 패러다임은 전체에 대한 부분hōs méros pros hólon으로서도, 부분에 대한 전체hōs hólon pros méros로서도 기능하지 않으며, 부분에 대한 부분hōs méros pros méros으로서 기능하는데, 이 두 부분이 같은 것 아래 놓여 있으며 하나가 다른 하나보다 잘 알려진 경우에 그러하다."[23] 귀납은 특수에서 보편으로 나아가고 연역은 보편에서 특수로 나아가는 반면, 패러다임을 정의하는 것은 특수에서 특수로 나아가는 세 번째 종류의, 역설적인 운동이다. 예는 보편과 특수를 분절함으로써 나아가는 것이 아니라 특수의 구도에 머무는 듯 보이는 특정한 인식 형태를 이룬다. 아리스토텔레스가 패러다임을 다루는 방식은

이런 일반적 고찰을 넘지 않으며, 따라서 특수에 머무는 인식의 지위도 이 이상 검토되지 않는다. 아리스토텔레스는 특수에 앞서서 공통의 유類가 존재한다고 주장하는 듯이 보일 뿐만 아니라, 예와 관계가 있는 '더 많이 알려진'gnōrimóteron의 지위도 정의되지 않은 채 남아 있다.

패러다임의 인식론적 지위를 명확히 하기 위해서는, 아리스토텔레스의 테제를 좀 더 급진화함으로써 우리가 인지 절차에서 뗄 수 없는 양 여기는 특수와 보편의 이원론적 대립을 의문에 부치고 패러다임이 이원론의 두 항 중 어느 것으로도 환원될 수 없는 개별성을 보여준다는 점을 이해해야만 한다. 패러다임의 담론 체제는 논리가 아니라 유비이다. 엔조 메란드리는 이제는 고전이 된 어느 책에서 이 유비 이론을 재구성했다. 패러다임이 산출하는 아날로곤[유비적인 것]análogon은 특수하지도 일반적이지도 않다. 따라서 그것의 특별한 가치를 파악하는 것이 중요하다.

7. 『선과 원』[24])에서 메란드리는 유비가 서양의 논리를 지배한 이분법적 원리와 대립함을 보여줬다. 세 번째 항을 배제하는 "A냐 B냐"의 양자택일에 맞서, 유비는 그때마다 세 번째 항이 주어진다tertium datur고, 집요하게 "A도 B도 아니다"고 주장한다. 즉, 유비가 논리적 이분법(특수/보편, 형식/내용, 적법성/범례성 등)에 개입하는 것은 그것을 더 고차적인 종합 속에서 묶

기 위해서가 아니라, 양극의 긴장이 가로지르는 힘의 장으로 변형하기 위해서이다. 그런 장에서는 전자기장에서처럼 양극이 실체적인 동일성을 상실한다. 하지만 이 세 번째 항은 어떤 의미에서, 어떤 방식으로 주어지는가? 이 세 번째 항이 처음의 두 항과 동질적인 항으로서 주어지지 않는 것은 틀림없다. 그런 식의 동일성은 다시 이항 논리에 의해 정의될 수밖에 없을 것이다. 이분법의 관점에서만 유비(또는 패러다임)는 '비교의 세 번째 항'tertium comparationis으로서 나타날 수 있다. 여기서 유비적인 세 번째 항은 무엇보다 처음 두 항의 탈동일화와 중화를 통해 확인되며, 이때 처음의 두 항은 식별 불가능해진다. 세 번째 항은 이런 식별 불가능성이며, 만일 이것을 이항적 구별에 입각해 파악하려 애쓴다면 결정 불가능한 것에 부딪칠 수밖에 없다. 이렇게 볼 때 하나의 예에서 그것의 패러다임성(모두[모든 사례]에 대해 가치를 가질 수 있는 능력)은, 예라는 것이 여러 사례들 중 하나의 개별 사례일 뿐이라는 사실과 명확하게 분리될 수 없다. 자기장에서처럼, 우리는 외연 양이나 스칼라 양이 아니라 벡터적 강도를 다루고 있는 것이다.

8. 『판단력 비판』의 한 구절만큼 패러다임과 일반성의 역설적 관계가 분명하게 표현되어 있는 대목도 없을 것 같다. 거기서 임마누엘 칸트는 규칙을 부여할 수 없는 예의 형태로 미감적 판단의 필연성을 사유하고 있다.

이 필연성은 특수한 종류의 것이다. 즉 그것은 누구나 내가 아름답다고 부르는 대상에서 이런 흡족을 **느끼게 될** 것이 선험적으로 인식될 수 있다고 하는 경우의 이론적·객관적 필연성이 아니다. 또한 이 필연성은 자유롭게 행위하는 자들에게 규칙으로 쓰이는 순수한 이성의지의 개념들에 의해 이런 흡족이 객관적 법칙의 필연적 귀결이며, 이는 다름 아니라 사람들은 단적으로 (더 이상의 의도 없이) 일정한 방식으로 행위해야만 한다는 것을 의미하는 경우의 실천적 필연성도 아니다. 오히려 이 필연성은 미감적 판단에서 생각되는 필연성으로서 단지 범례적exemplarisch인 것이라고 불릴 수 있다. 다시 말해 그것은 우리가 제시할angeben 수 없는 보편적 규칙의 하나의 실례Beispiel 같은 것으로 간주되는 하나의 판단에 대해 만인이 동의한다고 하는 필연성이다.25)

칸트에게 미감적 판단이 그러하듯이, 패러다임은 사실상 규칙의 불가능성을 전제한다. 그렇지만 규칙이 없거나 정식화될 수 없다면, 예는 도대체 어디서 증거 가치를 끌어낼 수 있을까? 그리고 부여할 수 없는 규칙의 예들을 어떻게 제공할 수 있을까?

다음의 사실을 이해할 때에만 이 아포리아는 해소될 수 있다. 패러다임은 논리적 추론 모델인 특수-일반 짝을 가차 없이 내버릴 것을 함축한다는 사실 말이다. 규칙(여기서 아직도 규칙에 관해 말할 수 있다면)이란 개별 사례들보다 먼저 존재해 그것들에 적용되는 일반성도 아니고, 특수한 사례를 모조리 나열하는 것에서 귀결되는 어떤 것도 아니다. 오히려 패러다임적 사례를 든다는 단순한 사실이야말로 그 자체로서 적용될 수도 언표될 수도 없는 규칙을 구성하는 것이다.

9. 수도회의 역사에 정통한 사람은 알겠지만, 적어도 처음 수세기 동안, 사료에서 '규칙'이라 불리는 것의 지위는 이해하기 어려웠다. 가장 오래된 용례들에서 규칙은 그저 수도사들 간의 교류conversatio fratrum, 즉 특정 수도원에서 수도사들의 생활방식을 뜻했다. 규칙은 창설자의 생활방식과 흔히 동일시됐다. **삶의 형태**forma vitae, 즉 따라야 할 예로 말이다. 이 창설자의 삶은 그것대로 복음서에서 이야기된 예수의 삶의 당연한 계승이었다. 수도회가 점차 발전하고 로마 교황청이 수도회를 통제해야 할 필요성이 증가하자, 규칙regula이라는 용어는 갈수록 더 수도원에 보관된 '글로 기록된 텍스트'라는 의미를 얻게 됐다. 수도생활에 귀의하면서 그것에 담긴 규정과 금지에 따르겠노라 동의하는 자가 미리 읽어야 하는 텍스트 말이다. 하지만 적어도 성 베네딕투스 때까지, 규칙은 일반적인 규범이 아니라 그저 하나의 예에서 유래한 생활 공동체('공동 생활'koinós bíos)를 가리켰을 뿐이다. 거기서 각 수도사의 삶/생활은 궁극적으로 패러다임적인 것이 되고 삶의 형태로서 구축되는 경향이 있다.

이것은 아리스토텔레스의 고찰과 칸트의 고찰을 통합함으로써 우리가 다음과 같이 말할 수 있음을 뜻한다. 패러다임이 함의하는 운동은 개별성에서 개별성으로 나아간다. 그것은 개별성에서 벗어나지 않은 채 모든 개별 사례를 결코 선험적으로 정식화할 수 없는 일반 규칙의 **본보기**로 변형한다.

10. 1947년에 빅토르 골드슈미트(푸코가 분명히 알았고, 높이 평가했던 저자)는 『플라톤의 변증술에서 패러다임』을 출판했다. 자신의 글에서 자주 그러하듯이, 이 뛰어난 철학사가는 얼핏 보면 지엽적인 문제(플라톤의 대화편에서 예의 사용)를 검토함으로써 플라톤의 사상 전체에, 특히 이데아와 감각적인 것 사이의 관계에 새로운 빛을 던지고 있다. 패러다임은 이 관계의 전문적인 표현임이 드러난다. 이미 조르주 로디에가 지적했듯이, 대화편에서 어떤 때에는 이데아가 감각 사물들을 위한 패러다임으로서 기능하지만 다른 때에는 감각 사물들이 이데아의 패러다임으로 제시된다. 이런 의미에서 볼 때 『에우튀프론』에서는 경건의 이데아가 그에 상응하는 감각 존재들을 파악하기 위한 패러다임으로 쓰였지만, 『정치가』에서는 감각적 패러다임(직조)이 이데아의 파악으로 이끈다. 『정치가』에서 플라톤은 어떻게 예가 인식을 산출할 수 있는지 설명하려고 아이들이 상이한 단어들에서 식별해내는 음절의 예를 '패러다임을 위한 패러다임'으로서 도입한다.

패러다임은 분리된*diespasménōi*[하지만 이 희랍어는 '갈기갈기 찢긴, 박박 찢겨진'을 의미한다] 각기 다른 것 속에 있는 동일한 것이 옳게 판단되고 모아져 둘인 각각에 관한 '하나의 참된 판단'을 완성할 때 생긴다.26)

이 정의를 주해하며 골드슈미트는 여기에 감각적인 동시에 정신적이기도 한 역설적 구조가 있는 것 같다는 점을 보여준다. 골드슈미트는 이 구조를 '요소-형상'이라고 부른다.27) 요컨대 패러다임은 감각적인 개별 현상이면서도 모종의 방식으로 에이도스, 즉 정의되어야 하는 형상 자체를 포함하고 있다. 따라서 패러다임은 서로 다른 두 장소에 있는 단순한 감각적 요소가 아니라 감각적인 것과 정신적인 것, 요소와 형상 사이의 관계 같은 것이다("패러다임적 요소는 그 자체가 하나의 관계이다").28) (플라톤이 자주 인식의 패러다임으로서 사용하는) 상기想起에 있어서 감각적 현상이 그 자신과의 비-감각적인 관계에 놓이고, 이런 식으로 다른 것 속에서 재-인식되듯이, 패러다임에 있어서도 단순히 어떤 감각적 유사성을 인정하는 것이 문제가 아니라 조작을 통해 유사성을 야기하는 것이 문제이다. 이 때문에 패러다임은 결코 주어진 것이 아니며 '비교하기,' '곁에 세우기,' 특히 '보여주기,' '제시하기'(parabállontas …… paratithémena …… endeíknynai …… deichthēī …… deichthénta)29)를 통해 생겨나고 발생한다[(패러다임)이 된다](paradeígmatos …… génesis; paradeígmata ……
gignómena).30) 즉, 패러다임적인 관계는 단순히 개별 감각 대
상들 사이에서나 개별 감각 대상들과 일반 규칙 사이에서 수
립되는 것이 아니며, 무엇보다 개별성(이것은 패러다임이 된다)
과 그것의 전시(즉, 그것의 이해 가능성) 사이에서 수립된다.

11. 비교적 단순한 문법의 예를 사례로 들어보자. 문법은 패
러다임적 실천을 통해서만, 즉 언어적 예들을 제시함으로써만
구성되고 그 규칙들을 규정할 수 있다. 하지만 문법의 실천을
정의하는 언어의 사용이란 무엇인가? 문법적 예는 어떻게 만
들어지는가? 라틴어 문법에서 명사의 격변화를 설명하는 패
러다임의 사례를 들어보자. rosa[장미]라는 용어는 그 패러다
임적 제시(rosa, ros-ae, ros-ae, ros-am……)를 통해서 통상적
인 사용은 물론이고 그 외시적外示的 성격도 중지되며, 그렇게
됨으로써 '제1변화 여성명사' 집합군의 구성과 이해 가능성을
가능케 한다. rosa라는 용어는 그 집합군의 구성 요소인 동시
에 패러다임이다. 여기서 핵심은 지시와 통상적 사용의 중지
이다. 만일 언어학자가 수행 발화의 부류를 정의하는 규칙을
설명하기 위해 "나는 맹세한다" 같은 예를 공언하더라도, 이
어구가 실제적인 맹세의 공언으로 이해되어야 하는 것은 아니
라는 점은 분명하다. 예로 기능할 수 있으려면, 그 어구의 통
상적 기능이 중지되어야 한다. 그렇지만 바로 이 비-기능[기

능정지]과 중지를 통해서 어구는 어구가 어떻게 기능하는가를 보여줄 수 있으며, 규칙을 정식화할 수 있게 해준다. 지금 규칙이 예에 적용되느냐고 묻는다면, 대답하기 쉽지 않다. 사실 예가 규칙에서 배제되는 까닭은 예가 통상적인 사례에 들어가지 않기 때문이 아니다. 오히려 정반대로, 예가 이런[통상적인] 사례에 속함을 현시하기 때문이다. 이런 의미에서 예는 예외가 대칭으로 뒤집어진 것이다. 예외는 배제됨으로써 포함되는 반면, 예는 그것이 [통상적인 사례에] 포함됨을 보여줌으로써 배제된다. 하지만 희랍어의 어원적 의미에 따라서, 예는 자신의 이해 가능성과 동시에 자신이 구성하는 부류의 이해 가능성을 자기 곁에서 보여준다para-deíknymi.

12. 플라톤에게 패러다임은 가지적可知的 질서와 감각적 질서 사이의 관계를 절합함으로써 인식을 가능하게 만드는 변증술 속에 자리잡고 있다. "이 두 질서 사이의 관계는 두 가지 방식으로 이해될 수 있다. 즉, (모사와 모델 사이의) 유사성의 관계로서, 혹은 비례의 관계로서."[31] 골드슈미트에 따르면 이런 이해 방식들 각각에는 나름의 변증술적 절차가 대응한다. 즉, 첫째는 (플라톤이 『메논』과 『테아이테토스』에서 정의하는) 상기이고, 둘째는 『소피스테스』와 『정치가』에서 특히 문제가 되는 패러다임이다. 변증술에서 패러다임이 갖는 의미와 특정한 기능, 이것들을 이제부터 골드슈미트의 분석을 좇아 이해해보자.

『국가』제6권에 나오는 변증술적 방법에 관한 설명[32]은 난해하기가 이를 데 없으나, 그 설명을 패러다임적 방법에 대한 보고로 이해해보면 그 의미가 명료해진다. 여기서 플라톤은 앎을 산출하는 과정의 두 단계 혹은 두 계기를 구별한다. 이 두 가지는 한 직선 위에 연속해 있는 두 선분으로서 나타난다. 첫째는 "기하학이나 계산(산술), 그리고 이와 같은 것들에 관여하는 사람들"[33]의 절차를 정의한다. 그것은 그 연구를 가정에 정초시키고 있다. 다시 말해, 그 명증함에 대해 설명이 필요 없는 주지의 원리로서 다뤄지는 소여를 전제한다(바로 이것이 "기초로서 밑에 놓는다"는 hypotíthemi에서 파생된 희랍어 hypóthesis[가정, 전제]의 의미이다). 그에 반해 두 번째는 변증술에 고유한 계기이다.

[이때의 이성은] 가정들을 원리들^{archái}로서가 아니라 문자 그대로 '밑에 놓은 것'들로서 대하네. 다시 말해 '무가정無假定의 것'^{anypótheton}에 이르기까지 '모든 것의 원리(근원)'로 나아가기 위한 발판들이나 출발점들처럼 말일세. 이성 자체가 이를 포착하게 되면, 이번에는 이 원리에 의존하고 있는 것들을 고수하면서, 이런 식으로 다시 결론(종결) 쪽으로 내려가되, 그 어떤 감각적인 것도 전혀 이용하지 않고, 이데아들 자체만을 이용해 이데아들을 통해서 이데아들 속으로 들어가, 이데아들에서 또한 끝을 맺네.[34]

가정(전제)을 원리가 아니라 가정으로서 다룬다는 것은 무슨 뜻일까? 미리-아래 놓이지 않고서 있는 그대로 전시되는 가정이란 무엇일까? 패러다임의 인식 가능성은 결코 전제되지 않으며, 정반대로 패러다임의 특정한 활약이란 경험적으로 주어진 성격을 중지시키고 비활성화함으로써 이해 가능성만을 제시하는 데 있음을 상기한다면, 가정을 가정으로서 다룬다는 것은 가정을 패러다임으로서 다룬다는 말일 것이다.

아리스토텔레스와 근대인들이 지적했던 아포리아, 즉 플라톤의 저작에서 이데아는 감각적인 것의 패러다임이고 감각적인 것은 이데아들의 패러다임이라는 아포리아의 해결책이 여기에 있다. 이데아는 감각적인 것에 전제된 또 다른 요소가 아니며, 감각적인 것과 일치하지도 않는다. 이데아는 패러다임으로서, 즉 그 고유한 이해 가능성의 한복판에서 고려된 감각적인 것이다. 이 때문에 플라톤은 변증술도 기술처럼 가정에서 출발한다^{ex hypothéseōs ioúsa}고,35) 하지만 기술과 달리 가정을 원리로서가 아니라 가정으로서 취한다고 확언할 수 있었다. 즉, 변증술은 가정을 패러다임으로서 사용한다고 말이다. 변증술이 도달하려는 무-가정의 것은 무엇보다 감각적인 것을 패러다임으로 사용해야 열린다. 우리는 바로 다음 구절을 이런 의미에서 이해해야만 한다. 거기서 변증술적 방법은 "가정들을 [하나하나] 폐기"하는 것으로 정의된다. "변증술적 탐구 방법만이 이런 식으로, 즉 가정들을 [하나하나] 폐기하고서

tas hypothéseis anairoúsa, [확실성을 확보하기 위해서] 원리 자체로 나아가네."36) 동사 anairéō는, 이에 상응하는 라틴어 tollere(그리고 이것에서 영감을 얻어 헤겔이 자신의 변증법에서 핵심에 뒀던 독일어 aufheben[지양])처럼, "취하다, 붙잡다"와 "걷어내다, 제거하다" 둘 다를 의미한다. 앞서 봤듯이, 하나의 패러다임으로서 기능하는 것은 그것의 통상적 사용으로부터 빼내는 동시에 있는 그대로 전시된다. 무-가정의 것은 가정이 '걷어내지는'(붙잡으면서 제거되는) 순간에 스스로를 드러낸다. 변증술이 "결론(종결) 쪽으로 내려가"면서 움직이는 곳인 이해 가능성은 감각적인 것의 패러다임적 이해 가능성이다.

13. 인간과학의 인지 절차를 정의하는 해석학적 순환은 패러다임적 방법의 관점 안에서만 그 고유한 의미를 획득한다. 프리드리히 슐라이어마허보다 앞서서 이미 게오르크 안톤 프리드리히 아스트는 문헌학에서 개별 현상에 관한 인식이 전체에 관한 인식을 전제하며, 거꾸로 전체에 관한 인식이 개별 현상에 관한 인식을 전제한다고 지적했다. 마르틴 하이데거는 『존재와 시간』에서 이 해석학적 순환을 현존재의 실존론적 구조를 선취하는 선先이해로 간주함으로써, 인간과학을 곤경에서 벗어나게 하고 그것의 앎의 '더 근원적인' 성격을 보증할 수 있었다. 따라서 "결정적인 것은 순환에서부터 빠져나오는 것이 아니라 오히려 올바른 방식으로 순환 속에 들어가는 것이

다"37)라는 말은 연구자가 악순환을 선순환으로 만들 수 있게 해주는 주문이 됐다.

하지만 이 보증은 처음 보였던 것만큼 마음 놓이는 것이 아니었다. 만일 해석자의 활동이 그 자신이 모르는 선이해에 의해 늘 이미 선취됐다면, "올바른 방식으로 순환 속에 들어가는 것"은 무슨 뜻일까? 하이데거는 결코 "즉흥적 착상이나 통속 개념에 의해" 선이해가 제시되도록vorgeben 내버려둘 것이 아니라, 오히려 "사태 자체에서부터 [선이해를] 정리작업"38)하는 것이 관건임을 시사했다. 하지만 이것은 연구자가 현상의 실존론적 구조 자체에 의존하는 선이해의 표시를 현상 속에서 식별할 수 있어야 한다는 뜻일 수밖에 없다. 그리하여 순환은 한층 더 '악순환'이 되는 것 같다.

해석학적 순환이 기실 패러다임적 순환이라고 생각해야만 이 아포리아는 해결된다. 아스트와 슐라이어마허에서처럼 '개별 현상'과 '전체' 사이에 이원성이 있는 것이 아니다. 전체는 개별 사례들을 패러다임으로 전시해야만 나오는 것이다. 또한 하이데거에서처럼 '전'과 '후,' 선이해와 해석 사이에 순환성이 있는 것도 아니다. 패러다임에서 이해 가능성은 현상에 선행하지 않는다. 말하자면 이해 가능성은 현상 곁pará에 있다. 아리스토텔레스의 정의에 따르면 패러다임적 몸짓은 특수에서 전체로 나아가는 것도 전체에서 특수로 나아가는 것도 아니며, 개별에서 개별로 나아가는 것이다. 현상은 그 인식 가능성의 한

복판에서 전시되며, 현상을 패러다임으로 갖는 전체를 보여준다. 현상과 관련해서 패러다임은 전제('가정')가 아니다. '전제되지 않는 원리'로서 패러다임은 과거에 있는 것도 현재에 있는 것도 아니며, 그 범례적인 성좌 속에 있는 것이다.

14. 1924년과 1929년 사이에 아비 바르부르크는 『므네모시네』라 불리게 된 '도상 아틀라스'를 만들려고 애썼다.[39] 알다시피 그것은 각각에 일련의 이질적 이미지들(예술작품이나 육필 원고의 복제물, 신문잡지에서 오려내거나 바르부르크 자신이 찍은 사진 등)이 핀으로 꽂혀 있는 패널들의 모음집이다. 이 이미지들은 바르부르크가 **정념정형**Pathosformel이라는 용어로 정의했던 독자적인 테마를 자주 참조하고 있다. 46번 패널을 보자. 이것은 '님프'라는 정념정형, 즉 토르나부오니 예배당에 있는 도메니코 기를란다요의 프레스코화에 등장하는 움직이는 여성의 형상에 바쳐져 있다. 바르부르크는 이 여성의 형상을 '빨리 가져와 아가씨'Fraulein Schnellbring라는 친근한 별명으로 불렀다. 그 패널은 27개의 이미지로 이뤄져 있으며, 각각의 이미지는 이러저러하게 전체에 그 이름을 부여한 테마와 관련되어 있다. 기를란다요의 프레스코화 말고도, 상아로 만든 로마식 얕은 돋을새김, 세사 아우룬카 대성당에 있는 무녀巫女, 16세기 피렌체의 육필 원고의 미세화, 산드로 보티첼리가 그린 프레스코화의 세부, 필리포 립피가 성모 마리아와 세례 요한의

님프. 토르나부오니 예배당의 "서둘러-이리 가져와." 교화(Ninfa. "Eilbringitte" im Tornabuoni-Kreise. Domestizierung)(『므네모시네』, 46번 패널)『므네모시네』의 여러 패널 중 특히 이 46번 패널은 핵심적인 패널이라고 할 만하다. 왜냐하면 이 패널의 주제인 '님프'는 바르부르크를 평생 사로잡은 정념정형이기 때문이다. 바르부르크는 자신에게 '생/삶의 에너지'를 환기시켜준 이 님프의 이미지와 관계된 고대의 신화와 문화작품, 축제, 연극, 실제 인물 등에 관해 엄청난 양의 메모를 남겼다. 아감벤은『님프』(2007)에서 이 정념정형의 의미를 추적한다.

탄생을 함께 그려 넣은 원형 그림, 바르부르크 자신이 찍은 세티냐노의 농부 사진 등이 보인다. 도대체 어떻게 패널을 읽어야 할까? 이 이미지들 각각을 전체로 결합시키는 관계는 무엇일까? 달리 말하면, 도대체 님프는 어디에 있을까?

패널에 대한 분명히 잘못된 독해 방식은 여기서 일종의 도상학 목록을 보는 것이다(거기서는 바르부르크가 '움직이고 있는 여성의 형상'이라 명명한 도상학적 테마의 기원과 역사가 검토될 것이다). 이 경우 그럴듯한 발생론적 관계를 좇아 각각의 이미지를 가능한 한 연대기 순으로 늘어놓는 것이 중요해질 것이다. 발생론적 관계 덕분에 이미지들을 서로 연결해 마침내 원형으로, 즉 모든 쟁점의 원천인 '정념의 정형'으로 거슬러 올라갈 수도 있다. 조금 더 주의 깊게 패널을 읽어보면, 어떤 이미지도 원본이 아님을, 어떤 이미지도 단순한 복제물이나 반복이 아님을 알 수 있다. 밀만 패리가 호메로스의 시, 더 일반적으로는 모든 구전 작품의 근저에서 발견한 '정형들에 의한' 작품에서는 창작과 **퍼포먼스**performance, 원본과 상연을 구별할 수 없듯이, 바르부르크의 정념정형들도 원형과 현상, 최초의 출현과 반복의 혼종이다. 모든 사진이 원본이며, 모든 이미지가 아르케를 구성하며, 이런 의미에서 '시원적始原的/아르케적'이다. 그러나 님프 자체는 고풍스럽지도 현대적이지도 않으며, 통시태와 공시태로 결정할 수도 없고, 하나와 여럿으로 결정할 수도 없는 것이다. 이는 님프가 패러다임이라는 뜻이다. 개별 님프는 그 패러다임의 범례이다. 더 정확하게, 플라톤의 변증술을 구성하는 양의성을 따르면, 님프는 개별 이미지들의 패러다임이며, 개별 이미지들은 님프의 패러다임이다.

그러므로 님프는 요한 볼프강 폰 괴테가 말한 의미에서의 **원현상**^{Urphänomen}이다.『색채론』에서『식물의 변태』에 이르기까지, 괴테의 자연연구에 핵심적인 이 전문용어는 괴테 자신에 의해서는 명확하게 정의되지 않았다. 이 전문용어는 (그 기원을 플라톤까지 거슬러 올라갔던 엘리자베스 로튼의 시사를 좇아서) 단연코 패러다임적 의미로 파악할 때에만 이해 가능하다. 괴테는 자신의 방법을 "개별적인 경우들, 일반적인 부류들, 견해들과 가정들"[40]에 의해 진행되는 방법과 누차 대립시킨다. 괴테는「대상과 주체의 매개로서의 실험」이라는 논문에서 "비교적 고차원의 체험" 모델을 제안한다. 이 체험에서는 개별 현상들의 통일이 "가설적 방식이나 체계적인 형식으로" 이뤄지지 않으며, "자유롭게 떠다니는 하나의 발광점^{發光点}에 관해 그것이 자기 내부의 빛을 사방으로 발산한다고 말하는 것과 같이, 각각의 현상은 수많은 다른 현상들과 연관되어 있다."[41] 몇 줄 뒤에 가면 현상들 사이의 이 독특한 관계를 어떻게 이해해야 하는지 명시된다. 그 중 한 구절에서는 절차의 패러다임적 본성이 모든 불확실성을 넘어서 확언된다. "그처럼 여러 가지 체험들로 구성됐지만 한 가지일 뿐인 체험은 분명히 비교적 높은 차원의 것이다. 이 체험은 공식을 제시하고 있는데 이 공식을 이용해서 수많은 개별적인 예들이 표현된다."[42] 다른 단편에서도 덧붙이기를, "모든 존재자는 모든 존재자의 **아날로곤**이다. 그 때문에 실존은 늘 분리된 동시에 결합된 것으로 우리에게 보인다. 유비를 강조하면, 모든 것이 같아진다. 유비를 피하면, 모든 것은 무한히 분할된다."[43] 이런 의미에서 패러다임으로서 원현상은 유비가 일반성과 특수성의 대립을 넘어서 완전한 균형 속에 살고 있는 장이다. 또한 '순수현상'에 관해 괴테는 이렇게 쓴다. 그것은 "결코 고립될 수 없으며, 일련의 연속적 출현을 통해 제시된다."[44] 그리고 『격언과 성찰』에서는 그 본성이 하나의 정의로 요약되어 있는데, 그것은 패러다임에도 마찬가지로 해당될 것이다. "원현상: 최종적으로 인식 가능한 것으로서 이념적/ 인식된 것으로서 실재적/ 모든 특수 사례들을 포괄하기에 상징적/ 모든 사례에서 동일함."[45] 원현상은 결코 가정이나 법칙의 일반성을 경유하지 않음에도 불구하고 인식 가능하다. 원현상은 각각의 현상에서조차 인식 가능한 최종 요소이며, 패러다임으로 스스로를 구성할 수 있는 능력이다. 그 때문에 저 유명한 괴테의 격언은 현상들 너머를 탐구해서는 안 된다고 확언한다. 패러다임인 한에서, "그것들[현상들]은 이론이다."

15. 이제 우리가 분석한 것을 따라 패러다임을 규정하는 특징들 몇몇을 테제 형태로 정리해보자.

1) 패러다임은 귀납적 인식도 연역적 인식도 아닌 유비적 인식의 형태이며, 개별성에서 개별성으로 나아간다.

2) 패러다임은 일반과 특수의 이분법을 중화함으로써 이분법적 논리를 양극적인 유비 모델로 대체한다.

3) 사례는 그것이 전체에 속함을 중지하는 동시에 전시함으로써 패러다임이 된다. 따라서 패러다임적인 사례에서는 범례성과 개별성을 결코 분리할 수 없다.

4) 패러다임적 전체는 결코 패러다임들에 전제되지 않고, 그것들에 내재적인 것으로 남는다.

5) 패러다임에는 기원도 아르케도 없다. 모든 현상이 기원이며, 모든 이미지가 시원적이다.

6) 패러다임의 역사성은 통시태에도 공시태에도 있지 않으며, 그 둘의 교차점에 있다.

이제 우리에게서나 푸코에게서나, 패러다임을 가지고 작업한다는 것이 무슨 뜻인지 분명히 이해됐을 것이다. 호모 사케르와 강제수용소, 무젤만과 예외 상태(최근에는 삼위일체적 오이코노미아와 갈채)는 역사적 원인이나 기원 같은 것으로 거슬러 올라가 근대성을 설명하기 위한 가정이 아니다. 정반대로, 앞서 열거한 것들의 다양성을 통해서 알 수 있을 테지만, 매번 패러다임이 관건이었다. 그것들의 목적은 그 친연성이 역사가의 시선에서 벗어났거나 벗어날 수 있었던 일련의 현상들을 이해 가능하게 만드는 데 있었다. 물론 내 연구는 푸코의 연구처럼 고고학적인 성격을 띠고 있다. 내 연구에서 다루는 현상은 시간 속에서 펼쳐지며, 따라서 역사적 문헌학의 법칙을 따르지 않을 수 없는 통시태와 사료에 주목할 것을 전제로 한다. 하지만 내 연구가 도달하려는 아르케(아마도 모든 역사 연구에 가치가 있는 것)는 시간 속에서 전제된 기원이 아니라 오히려 통시태와 공시태의 교차로에 위치하고 있으며, 연구 대상의 과거뿐만 아니라 연구자의 현재도 이해할 수 있게 만든다. 이런 의미에서 고고학은 늘 패러다임론이다. 문서고의 사료를 검토하는 솜씨뿐만 아니라 패러다임을 식별하고 분절하는 능력이야말로 연구자의 급을 정해줄 것이다. 사실 궁극적으로 말해서 그 자체로는 활력이 없는 연대기적 문서고의 내부에서 (프랑스의 인식론자들이 그렇게 부르는) '벽개면'劈開面/plans de clivage 을 만들어낼 가능성은 패러다임에 달려 있다. 그리고 이 벽개면만이 문서고의 사료들을 읽을 수 있게 해준다.

마지막으로 누군가 패러다임성이 사물 안에 있는지 연구자의 정신 안에 있는지 묻는다면, 나는 그 질문이 의미 없다고 답하겠다. 패러다임에서 문제가 되는 이해 가능성은 존재론적 성격을 띠고 있다. 그것은 주체와 객체 사이의 인지적 관계가 아니라 존재에 준거한다. 패러다임적 존재론이 있는 것이다. 월러스 스티븐스의 「장소 없는 묘사」라는 제목을 단 시구만큼 그 내용을 빼어나게 정의한 것을 나는 알지 못한다.

그리 보이면 그리 있을 수 있으리,

태양이 그리 보이면 그리 있듯이.

태양은 하나의 예. 그리 보이기에

그리 있으니, 그리 보이는 것에 모든 것이 그리 있구나.[46]

2장. 표시론

Teoria delle segnature

1. 파라켈수스의 논고『사물의 본성에 관하여』의 제9장 제목은「자연 사물들의 표시에 관하여」이다. 모든 사물에는 그것의 보이지 않는 성질을 밝히고 드러내는 징표가 담겨 있다는 생각은 파라켈수스의 에피스테메의 독창적인 핵심이다.『자연의 사물에 관하여』[『사물의 본성에 관하여』의 독일어 제목]에서 파라켈수스는 이렇게 쓰고 있다. "징표 없이는 어떤 것도 없다 nichts ist ohn ein Zeichen. 왜냐하면 자연은 제 안에 있는 것에 표식하지 않고는 어떤 것도 자기 밖으로 나오게 놔두지 않기 때문이다."[1]『발 통풍에 관한 책』에서 파라켈수스는 이렇게 읊조린다. "외부의 것 중에 내부를 알려주지 않는 것은 없다." 징표를 통해서 인간은 각 사물 안에 표식된 것을 인식할 수 있다.[2] 이런 뜻에서 만일 "모든 사물, 식물, 씨앗, 돌, 뿌리가 그것들의 성질, 모양, 형태Gestalt에서 그것들 안에 있는 것을 드러낸다면," 만일 "그것들이 표시된 것signatum을 통해 모조리 알려진다면," "표시signatura는 감춰진 것을 모조리 찾을 수 있게 해

주는 과학이요, 이 기예 없이 우리는 깊이 있는 어떤 것도 해낼 수 없다."[3] 하지만 이 과학은 모든 지식과 마찬가지로 원죄의 결과이다. 왜냐하면 에덴 동산에서 아담은 전혀 '표식되지 않았기'unbezeichnet 때문이다. 그리고 "어떤 것도 표식되지 않은 채 놔두지" 않는 "자연에 떨어지지" 않았더라면 아담은 계속 그런 상태에 머물렀을 것이다.[4]

이런 전제 위에 「자연 사물들의 표시에 관하여」는 곧바로 문제의 핵심으로 들어가 '표시자'의 본성과 수를 물을 수 있다. 여기서 표시는 더는 과학의 이름이 아니고, 표식하는 행위 자체와 그 효과이다. "이 책에서 사물의 표시에 관해 철학하는 것이 중요하다면, 먼저 표시된 것들이 어디서 오는지, 표시자는 누구이며 얼마나 있는지 명시하는 것이 특히 유익하고 적절하겠다."[5] 파라켈수스에 따르면, 표시자들의 수는 셋이다. 사람, 아르케우스Archeus, 그리고 천체들Astra. 천체들의 징표는 예언과 예측을 가능케 하며 사물들이 가진 "신통력과 덕"übernatürliche Krafft und Tugend을 밝힌다. 토점土占, 손금, 관상, 수점水占, 화점火占, 강신술, 천문 같은 점술학은 이 징표를 다루는 것이다. 점술에서 다루는 자웅동체와 남녀양성 같은 괴물들은 상승궁上昇宮이 새긴 징표일 뿐이다. 파라켈수스에 따르면 하늘의 천체들만이 아니라 "인간 안에 있는 별들"도 "저 위 창공의 별들처럼, 시시각각 그의 몽상과 상상의 산물들과 함께 그의 영혼 속에서 뜨고 지며,"[6] 몸에 그것들의 징표를 남길 수 있다. 예를 들어 임산부의 공상^{Fantasey}은 태아의 살에 그 것의 괴물 같은 징표$^{Monstrosische Zeichen}$를 그린다.7)

이와 동일한 방식으로, 관상과 손금은 천체들이 사람의 얼 굴이나 사지 또는 손바닥 선에 새긴 징표 속에서 '내부의 인 간'의 비밀을 푸는 법을 가르쳐준다. 어쨌든 별과 인간의 관계 는 일방적 종속 관계는 아니다.

현자가 별을 다스리고 지배할 수 있는 것$^{Regieren \ und \ Meystern}$ 이지, 별이 현자에게 그리하는 것이 아니다. [다시 말해] 별 이 현자에게 굴복하고 따라야 하는 것이지, 현자가 별에게 그 리하는 것이 아니다. 반대로 도둑이 교수대를, 살인자가 차바 퀴를, 어부가 물고기를, 새 잡는 사람이 새를, 사냥꾼이 사냥 감을 따르듯이, 짐승 같은 인간은 별을 따라야 할 정도로까지 별의 다스림과 통치를 받는다. 그 이유인즉 짐승 같은 인간은 자기 자신을 인식하지 못하고 자기 안에 감춰진 힘을 쓸 줄도 모르기 때문이다. 온 창공이 모든 힘과 더불어 인간 안에 있 는데도 그는 자신이 소우주임을 알지 못하며 자기 안에 있는 별도 인식하지 못한다.8)

표시에 의해 표현된 관계는 인과관계가 아니라 표시자에 게 역으로 작용하는 조금 더 복잡한 것이다. 우리는 이 관계를 정확히 이해해야 한다.

2. 아르케우스가 자연 사물들에 새긴 표시를 분석하기에 앞서, 파라켈수스는 이른바 모든 표시의 패러다임을 이루는 표시술 Kunst Signata이 존재함을 환기한다. 이 근원적 표시는 언어이다. 언어를 가지고 "최초의 표시자"인 아담은 히브리어로 사물에 그것의 "올바른 이름"die rechten Nammen을 부과했다.

> [표시술은] 만물에 올바른 이름을 부여하는 법을 가르쳐준다. 우리의 아버지 아담은 이 기술에 정통했으며, 창조 직후 그는 각 존재에 그것의 개별 이름을 지어줬다. 모든 동물에 그것의 이름을, 각각의 나무와 각각의 식물, 각각의 뿌리, 각각의 돌, 각각의 광물, 각각의 금속, 각각의 액체에 상이한 이름을 …… 그리고 아담이 만물에 세례를 주고 이름을 지어주자 신은 이에 흡족해했는데, 그 까닭은 그 이름짓기가 올바른 근거로부터aus dem rechten Grund, 즉 제멋대로가 아니라 예정된 기술인 표시술에 따라 이뤄졌기 때문이다. 아담은 그 기술의 최초의 표시자signator였다.9)

아담의 입에서 히브리어로 튀어나온 각각의 이름에 그렇게 이름지어진 동물의 종별적인 본성과 덕이 대응했다.

아담이 "이것이 돼지, 말, 소, 곰, 개, 여우, 양, 기타 등등이다" 라고 말하자, 그 이름은 돼지를 슬프고 더러운 동물로, 말을 기운 세고 격정적인 동물로, 소를 탐욕스럽고 만족할 줄 모르는 동물로, 곰을 강한 무적의 동물로, 여우를 믿을 수 없는 교활한 동물로, 개를 같은 종에 대해서는 불충한 동물로, 양을 온화하고 유용하며 무해한 동물로 나타낸다.[10]

사람들은 표시와 표식된 것 사이의 관계를 유사 관계로 이해하는 버릇이 있다. 뒤에서 보겠지만 좁쌀풀의 꽃부리 위에 난 홀눈 모양 얼룩과 그 꽃부리의 치유력 덕을 보는 눈 사이에 세워진 그런 종류의 유사 관계 말이다. 표시의 원형이라 할 표시술이 특히 언어라는 사실은 이 유사성을 물리적인 어떤 것이 아니라 유비적이고 비물질적인 모들에 따른 것으로 이해하도록 강제한다. 비물질적 유사성들의 문서고를 보관하는 언어는 또한 표시의 보고寶庫이기도 하다.

3. 르네상스에 이어 바로크 시대에까지 파라켈수스의 의학이 성공할 수 있게 해줬던 체계의 핵심은 식물들이 지닌 치유력의 암호인 표시들과 관련 있다. 파라켈수스가 죽고 한 세기 무렵 뒤에 헨리 모어가 쓰곤 했듯이, 표시는 '자연의 상형문자'이다. 그것을 가지고 신은 우리에게 식물계에 감춰진 치료의 덕/효능을 드러낸다. 더욱 놀라운 것은 「자연 사물들의 표시에 관하여」에 이런 식물의 치료 효능이 나오지 않는다는 사실이다. 아르케우스의 표시가 예시하듯이, 그 자리를 대신 차지한

것은 사슴뿔과 소뿔(뿔이 가지치기한 모습은 그 동물의 나이가 얼마나 됐고 새끼를 얼마나 낳았는지 보여준다), 또는 신생아의 탯줄 매듭(그것은 엄마가 얼마나 더 아이를 낳을 수 있는지 보여준다)이다. 하지만 파라켈수스의 의학서는 식물의 치료 효능에 대한 풍부한 사례를 제공한다. 난초[의 뿌리]는 "남성의 수치스러운 부분[고환]처럼 생겼는데," 이 표시는 그것이 남성에게 "잃어버린 정력과 색욕을" 북돋을 수 있음을 보여준다.[11] 눈 모양 얼룩을 한 좁쌀풀은 시각 장애를 치료하는 능력을 드러낸다.[12] 만일 스페쿨라 펜나룸이라는 식물이 여성의 가슴을 치료한다면, 이는 그 모양이 유방의 그것을 떠올려주기 때문이다. 석류나무 씨앗과 잣은 치아 모양이기 때문에 치통을 완화해준다. 다른 경우, 유사성은 은유적이다. 뾰족한 가시모양 엉겅퀴는 급성의 자극적인 고통을 누그러뜨린다. 잎이 뱀모양으로 보이는 마편초는 온갖 독의 해독제이다.

이런 경우에도 표시를 정의하는 특수한 구조에 대해 숙고할 필요가 있다. 좁쌀풀에서 표시 관계는 그렇게 보일 수도 있겠지만 숨겨진 치료 효능과 꽃부리의 눈 모양 얼룩 사이에 성립되는 것이 아니라, 좁쌀풀과 눈 사이에 직접 세워진다. "왜 좁쌀풀은 눈을 치료할까? 왜냐하면 좁쌀풀은 그 자체로 **눈의 해부구조**anatomiam oculorum를 하고 있기 때문이다."[13] 좁쌀풀은 "그 자체로 눈의 모양과 이미지를 하고 있다. 따라서 좁쌀풀은 온전히 눈이 된다."[14] 표시는 식물을 눈과 관계 맺고, 그것을 눈 안으로 옮긴다. 이런 식으로만 식물은 그것의 숨겨진 효능을 드러낸다. 이 관계는 표시하는 것^{signans}과 표시된 것^{signatum} 사이의 것이 아니라, 적어도 네 가지 항(식물의 형상[파라켈수스는 자주 그것을 표시된 것이라고 부른다], 인체 부위, 치료 효능 그리고 병), 또는 그에 덧붙여 다섯 번째 항인 표시자를 함축한다. 징표론에서 표시하는 것으로서 나타나야 하는 표시는 이미 항상 표시된 것의 위치로 미끄러진다. 그래서 표식^{signum}과 표시된 것^{signatum}이 그들의 역할을 바꿔 결정 불가능한 지대로 들어가는 듯 보인다. 『파라그라눔』의 한 구절에서, 이 운동은 금속인 철^{ferrum}과 그것의 표시자일 법한 화성이라는 행성을 동일시하는 것으로 이끄는 관계 속에서 표현된다. "철이란 무엇인가? 화성과 전혀 다른 것이 아니다. 화성이란 무엇인가? 철과 전혀 다른 것이 아니다. 이것은 그 둘이 모두 철이거나 화성이라는 뜻이다. …… 화성을 아는 자는 철을 알고 철을 아는 자는 화성이 무엇인지 안다."15)

4. 우리는 「자연 사물들의 표시에 관하여」에서 수위首位, 즉 인간이 표시자인 표시의 자리를 차지하는 논고를 마지막으로 제쳐뒀다. 파라켈수스가 든 예는 어쩌면 표시 개념의 역사에서 가장 놀라운 장일 것이다. 물론 미셸 푸코와 엔조 메란드리의 사유 속에서 일시적으로 부활하기 전까지 수 세기 동안, 그것은 파라켈수스적 에피스테메의 일종의 우각호牛角湖로 머물렀

다. 자연적·초자연적 표시를 정확하게 이해할 수 있으려면 먼저 인간이 표시자인 표시를 이해해야 한다고 파라켈수스는 적고 있다. 첫 번째 예는 유대인들이 자신들의 재킷이나 외투에 꿰매어 달고 다닌 '노란색 천조각'ein Gelbs Flecklin이다. "이것은 사람들이 그 자를 유대인으로 알아보게 하는 징표가 아니라면 무엇인가?"16) 비슷한 징표(둘을 연결짓는 것은 아이러니한 것이 아니다)로는 '순경 또는 경관'Scherg oder Büttel을 알아볼 수 있게 해주는 것이 있다. 그리고 전령은 외투에 휘장을 단다. 휘장은 그에게 전령의 자격을 부여할 뿐 아니라 그가 어디서 왔는지, 누가 그를 보냈는지, 그를 어떻게 대우해야 하는지도 나타낸다. 마찬가지로 전장에서 병사는 피아식별용 색띠와 표지를 착용한다("이렇게 말할 수 있겠다. 이 자는 황제군이고, 저 자는 국왕군이고, 또 저 자는 프랑스군이고 이런 식으로").17)

표시의 패러다임을 더 복잡하게 만드는 다른 한 무리의 예들은 훨씬 흥미를 자아낸다. 특히 장인은 "사람들이 누가 그 작품을 만들었는지 알아볼 수 있도록" 제 작업에 "표식 또는 표지"를 부서剛署한다. 여기서 표시는 문서에 서명하는 행위와 어원적으로 연결되어 있을 것으로 보인다. 이는 프랑스어나 영어처럼 서명을 정확히 signature라고 부르는 언어에서 분명하다(교회법에서 signaturae는 단지 교황이 문서에 자신의 서명을 첨부한 답서였다). 하지만 라틴어에서 signare는 "동전을 주조하다"를 뜻하기도 한다. 파라켈수스가 주의를 기울인 다른 예는 동전의 값어치를 가리키는 징표이다. "그처럼 우리는 모든 동전에는 거기에 박힌 값어치를 알아볼 수 있게 해주는 특수한 증거와 징표가 있음을 안다."[18] 편지에 찍힌 봉인으로 말할 것 같으면, 그것은 발신자를 확인하기보다는 그것의 '힘'[Krafft]을 표시하는 데 쓰는 것이다. "봉인은 사람들이 편지를 법에 따라 신뢰할 수 있도록 그것을 확증하고 보증하는 것이다. 봉인이 없는 편지는 쓸모없고 죽은 것이며 가치가 없다."[19] 알파벳 문자 역시 표시자인 인간이 만든 표시이다. "작은 수의 단어와 이름을 가지고 우리는 많은 것을 표시할 수 있다. 그 내용이 바로 떠오를 수 있게 한 단어나 이름으로 기억 속에 표식해둔 책의 경우가 그러하다."[20] 또는 약국이나 연금술사의 연구실에서 "액체[liquores], 기름[olea], 분말[pulveres], 씨앗[semi], 연고[pomate], ······ 정기[spitirus], 점액[phlegma], 알칼리[alcali]······"[21]를 알아볼 수 있게끔 라벨에 기입된 문자들이 그러하다. 또는 방과 저택에 건축시기 및 연도를 표식해둔 숫자들이 그러하다.

5. 이제 인간의 표시가 갖고 있는 독특한 구조를 발전시키고 분석해보자. 그것은 장인(또는 예술가)이 자신의 작품에 남기는 표시(서명 또는 이니셜)이다. 미술관 전시실에서 어느 그림을 보며 우리가 하단부 여백에 '티치아노 작'[Titianus fecit]이라고 새겨진 것을 읽을 때 무슨 일이 일어나는가? 우리는 오늘날 이런 유의 정보를 구하고 받아들이는 데 너무 익숙해 있는지

라 표시에 내포된 평범하지 않은 작용에 그리 주의를 기울이지 않는다. 예컨대 수태고지를 재현한 그림에서 수태고지는 그 자체로 어떤 종교 전통, 그리고 이 경우 우리에게 익숙한(또한 익숙하지 않을 수도 있는) 도상적 주제를 참조하는 징표 또는 이미지로 볼 수 있다. 우리 눈앞에 있는 '수태고지'의 징표에 '티치아노 작'이라는 표시는 무엇을 덧붙이는 것일까? 그 표시는 신학적 의미나 도상적 주제가 다뤄진 방식에 대해 말해주는 바가 없으며, 대상의 물질성의 관점에서 그 사물[그림]이 어떤 특성을 갖느냐는 것과도 무관하다. 표시는 16세기 베네치아에서 살았던 유명 화가로 알려진 한 인간의 이름(다른 경우에는 우리가 전혀 혹은 거의 알지 못하는 누군가의 이름이 문제가 될 수도 있다)과 그림을 연결해줄 뿐이다. 표시가 없어도, 그림의 물질성이나 질에는 전혀 지장이 없다. 그렇지만 표시가 도입한 관계가 우리 문화에서는 정말 중요하기에(다른 문화에는 표시가 중요하지 않을 수도 있고, 작품이 완전히 무명씨의 것으로 남아 있을 수도 있다) 여백을 읽는 것은 문제가 되는 그림을 보는 방식을 완전히 변화시킨다. 더욱이 저작권 유효기간 내에 들어가는 작품에서 표시는 이 권리에 따른 사법적 결과를 야기하기도 한다.

이제 동전에 새겨져 그것의 값어치를 정하는 표시의 예를 보자. 이 경우에도 표시는 우리 손에 든 원모양의 작은 금속 물체와 실체적인 관계가 없다. 표시는 동전에 어떤 실질적 특성도 덧붙이지 않는다. 하지만 이번에도 표시는 우리가 이 물체와 맺는 관계, 그리고 그 물체가 사회에서 맡는 기능을 결정적으로 변화시킨다. 티치아노의 그림에서 표시가 그림의 물질성을 조금도 변화시키지 않은 채 '권위' 관계의 복잡한 연결망 속에 그림을 집어넣었듯이, 동전의 표시는 이제 금속 조각을 동전으로 변형하고 그것을 화폐로 만든다.

파라켈수스에게 있어서 이름들로 조합되어 책을 가리킬 수 있게 해주는 알파벳 문자들은 무엇을 말해주는가? 필시 여기서 말하는 이름들은 아담이 피조물들을 명명할 수 있게 해줬던 표시술의 표현은 아닐 것이다. 오히려 그것은 문장으로 이뤄지는 것이 아니라 패러다임, 약호, 관례적인 제목으로 이뤄진 언어 사용법일 것이다. 푸코가 언표를 정의하기 위해서, A, Z, E, R, T란 타자기 사용법 교과서에서 프랑스 자판이 채택한 알파벳 순서에 따른 언표라고 적었을 때 염두에 뒀던 것은 그런 것일 것이다.

위 모든 경우에서 표시는 표시하는 것과 표시된 것 사이의 기호론적 관계를 표현하는 것이 아니다. 오히려 표시는 이 관계 속에 기입되면서도 합치되지는 않으며, 이 관계를 다른 분야로 전위시키고 이식하며, 실용적이고 해석학적인 새로운 관계망 속에 집어넣는다. 이런 뜻에서 유대인의 외투에 꿰매어진 노란 천조각 또는 경관이나 전령의 외투에 부착된 색깔 있는 식별 표식은 '유대인,' '경관,' '전령'이라는 기의를 가리키는 중립적 기표들인 것만은 아니다. 이 관계의 자리를 실용적-정치적 영역으로 옮기면서, 그것들은 오히려 우리가 유대인·경관·전령을 대할 때 가져야 하는(또한 그들에게서 기대해야 하는) 태도를 표현한다. 마찬가지로 좁쌀풀의 꽃부리에 있는 눈모양의 표시는 '눈'을 의미하는 징표가 아니다. 눈모양 얼룩(그것은 그 자체로 눈을 참조하는 징표이다)에서, 표시는 이 식물이 시각 장애에 특효약으로 작용함을 나타내는 것이다.

6. 야콥 뵈메의 『사물의 표시에 관하여』(1621)는 제목부터 이미 파라켈수스를 참조하고 있다. 뵈메는 파라켈수스로부터 주제와 동기를 끌어오는데, 무엇보다도 아담의 언어가 그러하다. 하지만 뵈메에게서 표시론은 그 문제를 해명하기에 징표 개념이 적합지 않음을 분명히 할 정도로 새로이 발전하게 된다. 먼저 표시는 단지 서로 다른 분야를 연결함으로써 사물들의 신비한 효능을 밝히는 것에 그치지 않는다. 그것은 오히려 모든 인식의 결정적 조작자인 바, 그 자체로 말이 없고 이유도 없는 세계를 이해 가능한 것으로 만들어준다.

우리가 신에 대해 말하거나, 쓰거나, 가르친 모든 것은 표시에 대한 인식 없이는 말이 없고 아무런 이해도 없다. 왜냐하면 그것들은 역사의 덧없음에서, 어느 다른 입술(거기서 인식 없는 정신은 입을 다문다)에서만 유래하기 때문이다. 그러나

만일 정신이 거기서 표시를 반쯤 열어젖히면, 그것은 다른 입술을 이해하게 되고, 그에 더해 정신이 어떻게 목소리를 가지고 음성 속에서 본질로부터 원리^{Principium}를 통해 드러났는지를 이해하게 된다.[22]

언어를 패러다임으로 삼는 계시 과정은 뵈메에게 있어서 처음부터 복잡한 기호론적 모델을 함축한다. (뵈메가 Bezeichnung이라고 부르는) 징표는 그 자체로 꼼짝도 하지 않고 말이 없기에, 인식을 작동시키려면 표시 속에서 활력을 얻고 성질을 부여받을 필요가 있다(이 과정을 묘사하려고 뵈메는 자기 사상의 핵심 전문용어 중 하나인 동사 inqualiren을 사용한다).

(그 안에서 정신이 선 또는 악으로 창조되는) 말 속에서 [서로에게] 이해될 수 있기 위해, 정신은 동일한 징표를 가지고 타인 안에 존재하는 형태 속으로^{Gestaltnis} 나아가고, 그런 형상을 표시 속에서 타인에게 일깨운다. 그렇게 함으로써 두 형태는 **서로에게 성질을 부여하고 실재성을 주면서**$^{miteinander \ inqualiren}$ 하나의 형상이 된다. 이 하나의 형상은 그런 식으로 개념, 의지, 정신, 그리고 이성이 된다.[23]

다음 구절은 훨씬 더 명확하다. 여기서 징표는 연주자가 손에 쥐고 튕기지 않으면 소리가 나지 않는 류트에 비유된다.

표시는 본질 속에 존재하며, 소리가 나지 않는 류트와 비슷하다. 그 류트는 말이 없고 이해받지 못한다. 그렇지만 어느 누군가가 그 류트를 튕기기만 하면 우리는 그것의 소리를 들을 수 있다. …… [이와 마찬가지로] 자연의 징표도 말 없는 존재의 형태를 하고 있다. …… 인간 영혼에서 표시는 각 존재의 본질에 따라 능란하게 마련된다. 인간에게는 자신의 악기를 튕길 수 있는 연주자만 없을 뿐이다.[24]

용어상의 머뭇거림이 있긴 하지만, 여기서 표시가 징표와 일치하는 것이 아니라 징표를 이해 가능하게 만들어주는 것임은 분명하다. 악기는 창조의 순간에 마련되고 표식된다. 하지만 악기는 표시에서 악기가 계시되는 나중의 순간이 되어야만 인식을 낳는다. 그때 "내부성은 말소리에서 <u>스스로를</u> 드러낸다. 왜냐하면 말은 영혼이 <u>스스로</u>에 대해 갖는 자연적 인식이기 때문이다."[25] 신학적인 동시에 주술적인 전통을 참조하는 용어를 가지고 뵈메는 의미작용이 계시^{Offenbarung}로 넘어가는 이 활동적인 순간을 '인호'$^{印號/Character}$라고 정의한다.

눈에 보이는 외부 세계 전체와 그것의 모든 피조물은 영적인 내부 세계의 징표^{Bezeichnung} 또는 형상^{Figur}이다. 내부에 있는 모든 것은 그것이 작용하고 실제가 될 때$^{in \, der \, Wirkung \, ist}$ 그것의 외부의 인호를 받아들인다.[26]

뵈메에게 있어서 표시들의 이 자연언어$^{Natur\text{-}sprache}$ 패러다임은 파라켈수스가 말한 표시술이 아니라 그리스도론이다.

[『은총의 선택에 관하여』(1623)에는 이렇게 적혀 있다.] 신의 말씀은 만유萬有의 토대요, 만유의 성질들의 시초이다. 말씀은 신의 말$^{das\ Sprechen}$이요, 신 안에 거한다. 하지만 말씀이 밖으로 나온 표현^{Aussprechen}은 (토대 없는 의지는 표현을 통해 분할에 이르는 고로) 자연이자 성질이다.[27]

표시론의 아포리아는 삼위일체의 그것을 되풀이한다. 신은 창조의 효과적인 모델이자 도구인 말씀을 가지고서만 만물을 고안하고 빚을 수 있었다. 마찬가지로 표시는 만물 안에 머물면서 말없는 창조의 징표들을 실효적이고 말을 할 수 있는 것으로 만들어주는 것이다.

7. 18세기 말 서구 과학에서 사라져가기 전에 표시론은 르네상스와 바로크 시대의 과학과 주술에 결정적인 영향력을 행사했는데, 요하네스 케플러와 고트프리트 라이프니츠의 저작에까지 부차적이지 않은 영향력을 끼칠 정도였다. 어쨌든 표시론의 장^{locus}은 의학과 주술에 국한되지 않았다. 표시론은 신학 분야, 무엇보다 우선 성사론聖事論에서 가장 중요하게 다듬어진 것으로 알려져 있다.

중세 해석학 전통에서 징표 영역에 성사를 기입한 것, 다시 말해 성사에 관한 교리를 '거룩한 징표론'으로 구축하려고 했던 첫 시도는 아우구스티누스에게까지 거슬러 올라간다. 아우구스티누스를 보면 성사를 거룩한 징표("눈에 보이는 제사는 보이지 않는 제사의 성사, 곧 거룩한 징표이다"Sacrificium visibile invisibilis sacrificii sacramentum, id est sacrum signum)28)라고 강조해서 정의하는 곳도 있고, 성사를 통해 그것을 받는 이에게 새겨진 지울 수 없는 인호에 대한 생각을 살짝 언급하고 넘어가는 곳도 있다. 그래도 확실히 성사를 징표로 보는 진정으로 고유한 이론이 구성되는 것은 6세기 뒤 베랑제 드 투르와 더불어 시작되고 토마스 아퀴나스의 『신학대전』에서 절정에 달한다. 게다가 위에서 인용한 『신국론』의 구절에서, sacramentum이라는 용어는 전문적인 의미에서 성사를 가리키는 것이 아니라 더 일반적으로 "거룩한 친교로 하느님께 합일하게 만드는 모든 행사"29)를 가리킨다. 그것은 성서 이야기에서 헤브루인들이 희생 제물을 바쳐 올리는 것과는 반대된다. 아우렐리우스 암브로시우스가 아우구스티누스보다 먼저 성사에 관한 논고를 썼을 때 영적 봉인spiritale signaculum이라는 표현은 세례의 어느 순간, 그 단계에서 퇴마 혹은 입회식처럼 보이는 순간만을 가리켰다. 자신의 징표론을 전개한 텍스트에서, 그것도 중세 신학과 철학에서 대단히 중요한 텍스트에서 아우구스티누스가 성사를 전혀 언급하지 않는다는 것은 의미심장하다.

스콜라적 성사론의 형성에 이르는 과정은 대개 세 교리의 수렴 혹은 연관으로 묘사된다. 신비-성사의 교리(그것의 패러다임은 [세비야의] 이시도루스에게 있을 것이다), 의술-성사(위 그 드 생-빅토르, 그리고 토마스 아퀴나스의 『대이교도대전』에 여전히 남아 있다), 그리고 징표-성사(이는 스콜라적 성사론의 결정적인 정전 형태를 제공하게 된다). 더 주의를 기울여 분석해보면 이 세 요소들은 성사론이 세공되는 모든 단계에 계속 존재하며, 그것의 복합적 기원을 증언한다. 이 기원은 아직 역사 연구의 조명을 받지 못했으며, 그것의 징표-성사론은 결코 완전히 끝에 이르지 못할 것이다.

성사를 설명하기에 징표론 모델이 불충분하다는 사실은 모든 점에서 그 이론[즉, 징표론]의 결정적 문제가 되는 징표의 효력 문제와 우리가 대면하는 순간에 금방 드러난다. 위그 드 생-빅토르가 쓴 성사에 관한 대화록[『그리스도교 신앙의 성사에 관하여』]을 보면, 징표의 효력은 (징표로 표시된 사물과의 유사성과 더불어) 성사가 징표와 다르며, 거의 징표를 초과한다는 사실을 정당화한다.

학생: 징표와 성사의 차이는 무엇입니까?
스승: 징표는 제도를 통해ex institutione 의미하지만, 성사는 유사성을 통해서도ex similitudine 표상하느니라. 더욱이 징표는 사물을 의미할 수는 있어도 수여하지는conferre 못하는

법. 허나 성사에는 의미작용만이 아니라 효력도 있나니, 그것은 제도를 통해 의미하고, 유사성을 통해 표상하며, 성화聖化를 통해 수여하느니라.[30]

『명제대전』을 쓴 익명의 저자는 성사가 징표로 환원되지 않음을 서슴없이 재확인한다.

[성사는] 거룩한 것의 징표인 것만이 아니라 유효성이기도 하다. 징표와 성사의 차이가 거기에 있다. 징표가 있기 위해서는 징표의 대상이 되는 것을 수여하지 않고 그것을 의미하기만 해도 된다. 반대로 성사는 의미만 하는 것이 아니라 징표나 의미작용의 대상이 되는 것을 수여하기도 한다. 더욱이 징표와 성사가 다른 까닭은 이렇다. 징표는 유사성이 없어도 의미작용만으로 존재한다. 예를 들면 선술집 간판에 그려진 원은 포도주circulus vini를 표시한다. 반면, 성사는 제도를 통해서 의미할 뿐 아니라 유사성을 통해서 표상하기도 한다.[31]

8. 『신학대전』 중 성사를 다룬 논고에서(흔히 그것을 쓸 당시 토마스 아퀴나스는 징표-성사의 패러다임에 완전히 동조했다고 간주된다), 징표론이 성사의 효력을 온전히 설명하기에는 충분하지 않다는 사실은 은총과 인호라는 성사의 효과들과 관련해 두드러진다. 어떻게 징표가 은총의 원인일 수 있는지 설명

하기 위해 토마스 아퀴나스는 자신의 형상에 의해 효과를 낳는 '주원인'(예컨대 자신의 열기에 의해 데우는 불)과 자신의 형상에 의해서가 아니라 작용 원리가 그것에 전달하는 운동에 의해서만 작용할 뿐인 '도구인'(도끼는 장인의 작용을 통해서만 침대의 원인이다)을 구별해야 했다. 주원인이 그것이 낳는 효과의 징표일 수 없는 반면에 도구인은,

> 단지 원인인 것이 아니라 주요 작인에 의해 움직여진 효과인 한, 숨겨진 효과의 징표로서 정의될 수 있다. 그래서 새로운 법의 성사는 원인이면서 징표이며, 이런 이유로 흔히 성사는 "그것이 표시하는 바를 이룬다"efficiunt quod figurant고들 한다.32)

이 말은 이런 뜻이다. 성사는 그리스도라는 주요 작인의 행위에 따른 효과이다. 도구인으로서 성사는 징표마냥 **제도를 통해서**만 작용하는 것이 아니라 매번 그것에 숨을 불어넣는 능동적인 원리를 필요로 한다. 또한 주요 작인인 그리스도를 대리하는 예배 주관 사제는 성사 행위를 완수할 (현재적이지는 않다면, 적어도 관례적인) 의도를 가질 필요가 있다.

> 세례할 때 물로 목욕재계하는 것은 몸을 정결하고 건전히 하기 위한 것일 수 있고, 놀이 혹은 그런 류의 전혀 다른 목적 때문일 수 있다. 따라서 씻기는 자의 의도에 의해 목욕재계는 성

사의 효과에 예속되어야 한다. 이 의도는 성사 때 선언하는 말 "아버지의 이름으로 세례를 주노라 등"으로 표현된다.[33]

비록 이런 의도가 집전자의 성덕에 따른(인효적으로ex opere operantis) 주관적인 무엇이 아니라 사효적으로ex opere operatum 산출되는 객관적인 현실이기는 하나, 여기서 징표가 매번 그 효력을 실현하는 작용/역사役事의 장소임에는 변함이 없다.

즉, 성사는 일단 제도화되면 항상 그것의 표시 대상을 의미하는 징표로서 기능하는 것이 아니라 표시로서 기능한다. 표시의 효과는 표시자에 달려 있거나, 좌우간 매번 그 징표에 숨을 불어넣고 유효하게 만드는 원리(파라켈수스가 말하는 감춰진 효능, 토마스 아퀴나스가 말하는 도구적인 덕)에 달려 있다.

9. 표시의 영역에 대한 인접성은 성사의 특정한 효과에서 훨씬 더 분명하다. 그 효과는 (여타의 성사들과 달리 단 한 번 받을 수 있는) 세례성사·견진성사·서품성사의 경우, '인호'라는 이름을 얻는다. 아우구스티누스는 도나투스파와의 논쟁의 일환으로, 특히 『파르메니아누스 서한 반박』이라는 소고에서 인호에 대한 이론을 세공했다. 도나투스파는 이단자나 분리주의자가 성사를 행했거나 그런 자들에게 성사를 행한 경우, 그 성사세례(그리고 서품)의 효력을 부정했다. 이 문제는 중요하다. 아우구스티누스가 보기에 성사의 효력은 그것을 받거나 집전

하는 주체들의 상황과 무관할 뿐 아니라 성사 때 성령을 통해 교류되는 은총을 제쳐두고 봐야 하기 때문이다. 사실 도나투스파에 따르면 이교도의 성사는 그것의 효과인 성령의 은총을 교류시킬 수 없다. 교부 전통에 따르면 이교도는 성령에 참여하는 것에서 배제되기 때문이다. 이 테제에 맞서 아우구스티누스는 성령 없는 세례baptisma sine spiritu, 즉 [세례에] 상응하는 은총을 수여하지 않은 채 영혼에 인호나 표징nota을 각인하는 세례의 가능성을 인정한다. [아우구스티누스가] 그처럼 극단적인 테제를 주장한 이유는 교회적 성격을 지니며, 사적인 모든 공덕이나 부적격을 넘어 교인과 사제의 신분/정체성을 보장하려는 의지 속에서 찾아질 가능성이 높다. 여하튼 그런 '인호'의 지위는 너무 역설적이어서 아우구스티누스는 그것을 이해시킬 수 있는 패러다임을 늘려야 한다. 아우구스티누스는 왕의 허가 없이 불법으로 왕의 표지signum regale를 넣어 금화와 은화를 찍은 사람의 예를 든다. 그 사람은 발각되면 처벌받을 것이 뻔하다. 하지만 주화는 효력을 유지할 것이며 국고에 적립될 것이다thesauris regalibus congeretur.34) 두 번째는 로마 군대의 관행대로 몸에 병역의 낙인character militiae이 찍혔는데도 비겁하게 전장에서 달아난 병사의 예다. 그 병사가 황제의 관용을 청하고 용서받는다 해도, 그 병사에게 새로 낙인을 찍을 필요는 없다.35) 그래서 아우구스티누스는 이렇게 묻는다. "**그리스도교의 성사**sacramenta christiana는 이 **신체 표징**corporalis nota보다 덜 들러

붙는다고 할 수 있을까?"36) 이 생각에 함축된 아포리아를 의식하는 기초 위에서, 아우구스티누스는 가설적인 논변을 통해 '성령 없는 세례'라는 불가피한 결론을 끌어낸다.

> 세례가 성령 없이 존립할 수 없다면, 이교도들도 성령을 가질 수 있다. 물론 그들의 구원을 위해서가 아니라 화褐를 위해서이며, 사울에게 일어났던 일이 그런 것이었다. …… 반대로 구두쇠가 신의 성령을 갖지 못했지만 세례를 받았다면, 세례는 성령 없이도 존립할 수 있다.37)

지울 수 없는 '성사의 인호'라는 생각이 나온 까닭은 성사를 무효 또는 유효하지 않은 것으로 만들 수 있는 조건들 속에서 어떻게 성사가 잔존할 수 있는지를 설명하기 위해서였다. 성령의 교류가 [이런저런 이유로] 불가능하다면, 인호는 성사가 그것의 효과를 초과한다는 사실을, 그것이 표식을 받았다는 순수한 사실 말고는 다른 내용을 갖지 않은 채 보충적인 효력 같은 어떤 것을 표현한다. 만일 교인이나 사제가 자신을 규정하는 모든 자질을 잃었다 해도, 자신이 생각할 수 있는 온갖 추잡한 일을 범했을 뿐 아니라 신앙을 버렸다 해도, 그들에게는 그리스도교도와 사제직의 인호가 남아 있다. 그러므로 인호는 의미하는 바 없이 징표의 사건을 표현하는 제로 표시이며, 이 사건 위에서 내용 없는 순수한 정체성을 세운다.

10. '성사의 인호'라는 생각의 기원이 아포리아적이라는 사실을, 수 세기 뒤 그 이론을 발전시키게 되는 스콜라 철학자들이 모를 수 없었다. 그들은 계속해서 아우구스티누스의 표시에 내용을 집어넣는 데 몰두하게 된다. 아우구스티누스의 표시가 영혼에 습성habitus(이는 헤일즈의 알렉산더의 테제이다)을 교류하거나 힘을 교류한다고 단언하면서 말이다. 후자는 토마스 아퀴나스의 입장이다. 토마스 아퀴나스는 인호가 은총을 교류하지 않아도 "신을 숭배하는 데 참여할 수 있는 힘"을 영혼에 수여한다고 주장한다.[38]

그렇다고 해서 어려움이 제거된 것은 아니다. 토마스 아퀴나스도 아우구스티누스의 군대 패러다임에 호소해야 했다.

[고대에] 병역에 징집된 병사들은 신체적인 의무에 임명됐기에 그들의 신체에 부호가 찍혀야insigniri 했다. 마찬가지로 성사를 통해 신에게 드리는 예배와 관련한 영적 의무를 다하기로 임명된 사람들에게는 영적인 인호가 찍혀야 한다.[39]

토마스 아퀴나스가 논증하듯이, 인호는 성사라는 감각적 징표에 의해 영혼에 새겨진 지울 수 없는 징표이다. "영혼에 새겨진 인호는 하나의 징표처럼 기능한다habet rationem signi. 우리는 누군가가 감각적인 물로 몸을 씻은 한 세례의 인호를 받은 것으로 인정하기 때문이다."[40] 세례의 경우에 성사라는 이

감각적 징표는 은총이라는 효과만 낳는 것이 아니라 영적 본성을 갖고 무효화할 수 없는 또 다른 징표를 낳는다.

인호를 정의하는 이 특별한 어떤 표시^{quaedam signatio}가 지닌 역설적 본성을 검토해보자.[41] 징표에 의해 만들어진 징표인 인호는 징표에 고유한 관계적 본성을 초과한다.

> '징표'라는 단어에 함축된 관계는 어떤 무엇인가에 입각해야 한다. 하지만 인호라는 징표에 고유한 관계는 영혼의 본질에 직접적으로 근거를 둘 수는 없다. 그렇지 않으면 그 관계는 본성상 모든 영혼에 어울릴 것이다. 따라서 우리는 그런 관계의 근거가 되는 어떤 무엇인가를 영혼에 놓아야 한다. 그것이 바로 관계의 종류에 속하지 않는 인호의 본질이다.[42]

인호는 징표를 초과하는 징표요, 모든 관계를 초과하면서 근거를 세우는 관계이다. 인호는 성사라는 유효한 징표에서 의미작용에 대한 효력의 환원 불가능한 초과를 표식하는 것이다. 그렇기 때문에 "징표는 그것을 새긴 감각적 성사와 관련해서만 말해질 수 있다. 그 자체로 보자면 징표는 징표의 기능을 갖는 것이 아니라 원리의 기능을 갖는다."[43]

성사론의 역설, 즉 성사론은 표시론과 동일한 부류에 속하게 된다(표시론이 성사론에서 파생됐다는 것이 그럴듯해 보인다. 물론 둘 모두의 기원은 주술에 있다고 가정할 수 있지만 말이다)는 역설은 징표로부터 분리할 수 없지만 징표로 환원되지도 않는 어떤 것, 즉 '인호' 또는 '표시'(징표에 달라붙어 그것을 유효하게 만들고 작용할 수 있게 만드는 것)와 우리가 대면하게 만든다.

위 두 경우에서 인호의 의미는 순전히 실용적이다. 화폐가 교환되기 위해서 "각인이 …… 찍히듯이"charactere …… insignitur, 병사가 전투할 수 있기 위해서 낙인을 받듯이(우리는 파라켈수스에서도 이 두 예를 찾아볼 수 있다), 신도는 예배 행위를 완수할 수 있기 위해서 인호를 받는다ad recipiendum vel tradendum aliis ea quae pertinent ad cultum Dei 44)

11. 아우구스티누스보다 한 세기 앞서, 성스러운 실천과 징표의 효력이 거기에 연루된 주체의 조건 및 협력과 무관하다는 생각이 어느 저작에서 다뤄진 바 있다. 주술과 접신술의 철학적 토대를 처음 놓은 것으로 간주되곤 하는 그 저작은 바로 이 암블리코스가 쓴 『이집트의 밀의에 관하여』이다.

우리가 그것을 이해하지 못하더라도, 동일한 징표들synthémata은 스스로 제 일을 수행한다. 그리고 그 징표들이 가리키는 신들의 이루 말할 수 없는 권능은 우리의 사고에 의해 이끌릴 필요도 없이 스스로 제 고유한 상像들을oikéias eikónas 알아본다. …… 신의 의지를 일깨우는 것은 신의 징표theía synthémata

자체이다. ······ 접신술에서 활동의^{enérgeias} 모든 힘이 우리에게서 유래한 것이라 네가 믿지 않도록, 네가 진리에 따라 배열된 우리의 개념 때문에 그것의 참된 결과물^{alethés······ érgon}이 완성되거나 우리의 실수 탓에 실패한다고 네가 생각지 않도록 나는 네게 이것을 일러준다.⁴⁵⁾

『이집트의 밀의에 관하여』등 희랍의 주술 논고들과『헤르메스 전서』를 라틴어로 번역한 마르실리오 피치노는 이 텍스트들과 그리스도교 전통이 가깝다고 믿어 의심치 않았기에 문제가 되는 구절을 다소 왜곡해 성사의 효력 교리와 이어붙였다. 피치노는 이 문단에 (원문에는 없는)「성사의 덕에 관하여」^{De virtute sacramentorum}라는 제목을 달았고, '신의 징표'라는 표현을 '신의 성사'^{sacramenta divina}로 옮겼다. 이 구절 끝에, 피치노는 명백히 그리스도교의 성사를 참조한 몇 줄을 추가했다.

희생 제의가 진행되는 동안 상징과 sinthemata, 즉 징표와 성사^{signacula et sacramenta}가 있을 때, 사제는 외적인 적정률^{適正率}을 실현하는 순서로 물질적인 것을 사용한다. 하지만 성사에 자신의 유효한 힘을 새기는 것은 바로 신이다.⁴⁶⁾

성사의 인호 관련 신학 교리와 표시 관련 의학 이론의 기원은 십중팔구 이런 유형의 주술-접신 전통에 기대고 있다. 피치노가 번역한 텍스트들 중에는 프로클로스가 썼다고 여겨지는 소고인 『희생과 주술에 관하여』도 있다. 이 소고에는 우리가 지금까지 검토한 근본 개념들이 명확하게 들어 있다. 여기서 우리는 이제 친숙해진, 사물들 속의 가시적인 표시들("'하늘의 눈' 또는 '태양의 눈'이라 불리는 돌에는 중심에서 광선이 나오는 눈동자 비슷한 모양이 들어 있다"[47]) 같은 관념뿐 아니라, 주술적 유입의 토대로서 유효한 유사성 관념("이를 알았던 고대인들은 …… 유사성을 통해 신의 덕을 하위 세계로 옮겨놓았다. 사실 유사성은 개별 사물들을 서로 연결해주는 충분한 원인이다"[48])도 찾아볼 수 있다.

12. 성사와 주술의 근접성은 이미지와 부적으로 세례하는 것만 봐도 명백하다. 우리는 교황 요한 22세가 1320년에 발표한 의견서를 통해 그 사실을 알고 있다. 효력을 높이려고 주술 이미지에 세례를 주는 의식이 당대에 어찌나 유행이었는지 교황의 우려를 낳을 정도였고, 그 문제는 열 명의 교회법학자와 신학자들에게 회부됐다.

물을 가지고 교회의 전례를 따르면서도 요술을 행할 목적으로 [밀랍이나 납으로 만든] 이미지[상像]나 이유 없는 온갖 대상에 세례를 주는 자들은 이단죄를 범했으므로 이단으로 간주되어야 하는가? 아니면 그저 마술을 부린 자로 판단되어야 하는가? 전자든 후자든 그들에게 어떤 처벌을 내려야 하는가? 그런 이미지들에 세례를 준다는 것을 알고서 세례를 받은 자들을 어떻게 처리해야 하는가? 이미지들에 세례를 준다는 것을 알지는 못했지만 그런 유형의 이미지들이 이런저런 힘을 갖고 있다는 얘기를 듣고서 그런 목적으로 세례를 받은 자들을 어떻게 처리해야 하는가?[49]

교회법 전문가였던 교황은 이 법적 문제가 성사의 본성마저 의문시하는 교리상의 핵심 지점을 건드린다는 것을 깨달았다. 성사의 효력은 곧바로 성호[聖號]/signum와 인호에 달려 있는 것이지 성사 주체의 목적과 조건에 달려 있는 것이 아니기 때문에, 이미지에 세례를 집전하는 자는 성사의 본질을 의문시함으로써 이단죄를 범한 것이지 단순히 마술을 부린 것이 아니다. 달리 말해 성사의 효력과 주술의 효력의 근접성 때문에 신학자와 교회법학자가 개입할 수밖에 없게 된 것이다.

이는 루카의 주교로서 프란체스코파인 엔리코 델 카레토가 내놓은 가장 길고 정교한 답변에서 분명해진다. 성사에 대한 신앙에 비해 주술적 목적이 우발적인 것인 한, 그 성사가 이단의 사실/행위[factum hereticale]일 수 없다고 주장한 자들에 맞서, 엔리코는 세례란 형상을 통해서든 성호를 통해서든, 축성된 자에게 뭔가가 덧붙여지는 축성이라고 단언한다. 주술적 목적으로 이미지에 세례하는 것은 성사에 외적인 목적만 도입하는 것이 아니라 "요술에 대리하고 축성하는 어떤 형태quaedam consecratio인 바, 이를 통해 사물은 행위에 의해 영향 받고 그런 축성에 의해 영향 받는다고 봐야 한다."[50] 엔리코는 이미지 세례가 작동시키는 요술의 현실을 믿은 것이다. 만일 주술적 조작이 축성되지 않은 이미지에 실행된다면, 조작자가 악령의 힘을 믿거나 이 목적으로 이미지를 꿰뚫을지라도ad hoc pungit ymaginem ut diabolus pungat maleficiatum, 거기엔 요술이 있는 것이지 이교가 있는 것은 아니다.[51] 하지만 의례에 따라(신의 방식으로modo divino) 이미지에 세례가 주어졌다면, "이미지에 대한 축성에 의해 악마의 이미지가 만들어지며,"[52] 악령은 그 이미지 속에 자신의 힘을 효과적으로 주입한다. 세례받은 이미지의 효력과 성사의 효력은 바로 이 둘 모두 징표를 통해 작용한다는 사실에 의거해 서로 관계맺는다. 사실 악령은 이미지 안에 '운동의 원리'로서sicut motor in mobili 현존하지 않고, '징표 안에 표시된 것'처럼ut signatum in signo 현존한다. 성사에서 일어나는 것과 똑같이 주술적 이미지에서 악령은 사제를 통해 "징표가 요술과 맺는 관계를 [그 주술적] 이미지 안에 효과적으로 주입한다." 또한 성사에서처럼 조작자의 신앙에 상관없이 "축성한다는 단순한 사실에는 신앙이 들어 있으며, 따라서 그것[(이미지의) 봉헌]을 이단의 사실/행위로 만든다."[53] 마술의 조작과 성사의 역사役事는 일일이 대응하며, 이 죄를 이단의 사실/행위에 분류하는 것은 이 근접성을 특기特記하는 것일 뿐이다.

검은 피부색의 남자, 혹은 백양궁 첫 번째 10분각(「3월」의 벽화 부분) 1912년 바르부르크는 로마 미술사학회에서 점성술이 페라라에 있는 스키파노이아 궁의 프레스코화에 미친 영향을 분석한 연구를 발표한다. 특히 바르부르크는 아부 마샤르의 『점성술 대서설』을 참조해 이 검은 피부색 남자의 정형을 밝혀낸다. 아부 마샤르는 거기서 인도인들이 화성에 의해 지배되는 10분각~인간의 형상을 묘사한 것에 대해 기록했다.

13. 표시가 특권화된 장소는 점성술이다. 우리가 다룬 주술-의술 전통이 뿌리내린 곳은 다름 아니라 점성술이다. 『피카트릭스』라는 제목으로 아랍어에서 라틴어로 번역된 텍스트, 또는 아부 마샤르가 쓴 『점성술 대서설』에 나오는 10분각十分角의 이미지와 형상을 검토해보자. 그 이미지와 형상은 스키파노이아 궁의 프레스코화에 화려하게 재현되어 있다. 이 프레스코화를 본 아비 바르부르크는 쉬지 않고 그것의 계보를 추적할 정도로 그 형상에 완전히 매료됐다. 『점성술 대서설』에는 백양궁의 첫 10분각에 관해 이렇게 쓰여 있다. "이 10분각에는 눈이 붉고, 훤칠하며, 용맹하고 기상이 드높은 검은 피부의 남자가 그려져 있다. 그는 헐렁한 흰색 치마를 입었고, 허리춤을 밧줄로 졸라맸다. 그는 성난 채 곧추서서 지키고 감시한다."54) 스키파노이아 궁 내 [월력의] 방에 있는 3월의 중단中段에 프란체스코 델 코사가 그린 그림 속 검은 피부색의 남자vir niger의 우울한 형상에서, 바르부르크가 자기 삶의 어떤 '은밀한 동반자'이자 자기 운명의 암호 같은 뭔가를 봤다는 것은 익히 잘 알려진 사실이다. 『피카트릭스』에서는 10분각뿐 아니라 행성들도 이런 유의 '형상'forma을 갖는다. 『피카트릭스』에서 백양궁의 첫 10분각[화성]이 "눈이 붉고 수염이 길며, 흰색 아마포 천을 두르고, 걸으면서 위엄 있는 몸짓을 하며, 그의 몸을 두른 흰 외투를 가로지르는 밧줄을 차고서 발로 곧추서있는 남자"55)로 묘사되어 있다면, 토성의 형상forma Saturni은 "까마귀

날개에 낙타 발을 하고서 의자에 앉아 오른손엔 긴 창을, 왼손엔 짧은 창 또는 화살을 쥐고 있는 유색인"[56]의 모습이다.

육필원고의 삽화로 꼼꼼히 수록된 이 수수께끼 같은 모양의 의미는 무엇일까? 그것은 별자리처럼 별들이 하늘에 수놓은 것 같은 모양을 전혀 참조하지 않으며, 별들이 가리키는 황도십이궁의 특성을 묘사하지도 않는다. 우리가 그것을 『피카트릭스』에서 ymagines로 불리는 부적을 제작하는 기술의 맥락에 위치시킬 때에만 그 모양의 기능이 명확해진다. 그것을 이루는 질료와 상관없이 부적은 어떤 것의 징표도 아니요 복제도 아니다. 그것은 조작이다. 조작을 통해 천체들의 힘이 한 지점에 모이고 집중해 지상의 물체에 영향을 끼치게 된다("부적은 물체에 영향을 끼치는 천체의 힘과 전혀 다를 바 없다"[ymago nihil aliud est quam vis corporum celestium in corporibus influencium]).[57] 이 기능에서, 행성의 형상이나 모양은 지표자[사람의 운명을 가리키는 별][significator]나 표시자, 또는 별들의 덕/효력을 모으고 유도하는 부적[ymago]의 '뿌리'[radix]로 정의된다. 이런 뜻에서 뿌리는 그 자체로 이미지들의 효력을 위한 조작들이다[iste radices erunt opus celi pro effectibus ymaginum 58]

행성이나 10분각의 형상만큼이나 **부적** 속 모양의 의미는 이 유효한 조작에 있다. 그 둘 모두 표시이다. 이 표시를 통해 별의 영향이 실현된다("이 선들은 중심에 있는 세상에 별들이 던지는 빛을 표시한다. 이것이 부적의 조작이요 효력이다. 이런 식으로 조작된다."istae lineae significant radios quos stellae proiciunt in mundo ut in centro: et hoc est opus et virtus ymaginum, et hoc modo operantur).59) 하늘의 표시를 인식하는 것은 주술학이다. 부적 제작이 (몸짓일 수도, 정식일 수도 있는) 표시 속에서 문제시되는 행성의 표시를 교감해 상상·모사하는 것을 뜻한다는 의미에서 그렇다.

이는 이른바 황도십이궁의 '기호'뿐 아니라 별자리 자체에 대해서도 참이다. 엄밀히 말해 이는 기호들의 문제가 아니라 (그것들이 무엇의 기호일 수 있는가?), 별자리와 이런저런 기호 아래 태어난 자들 사이의, 더 일반적으로는 대우주와 소우주 사이의 유효한 유사 관계를 표현하는 표시들의 문제이다. 이는 기호들의 문제가 아닐 뿐더러 언젠가 쓰인 적 있는 어떤 것의 문제도 아니다. 오히려 후고 폰 호프만슈탈의 대단히 심오한 이미지에 따르면, 인간은 하늘에서 "결코 쓰인 적 없는 것을 읽는" 법을 처음 배웠을지 모른다. 이는 표시란 읽는 몸짓과 쓰는 몸짓이 그것들의 관계를 뒤집어서 결정 불가능한 지대로 들어가는 장소라는 뜻이다. 여기서 읽기는 쓰기가 되고 쓰기는 읽기로 완전히 해소된다. "이미지가 이미지라 불리는 까닭은 정신의 힘이 거기서 함께 결합되기 때문이다. 상상cogitacio의 작용은 행성의 효력을 함유한 사물에 포함된다."60)

14. 이런 고찰은 바르부르크가 완성하려고 생애 말년을 보냈던 수수께끼 같은 도상 아틀라스 『므네모시네』에서 문제가 되

는 것을 파악하고, 동시에 정념정형 개념을 더 적절히 이해하기 위한 열쇠를 제공할 수 있다. 이 아틀라스의 79개 패널 각각을 구성하는 이미지들(사실, 바르부르크하우스 현상실에서 현상·인화한 사진들)은 (보통의 미술책에서처럼) 작품이나 오브제를 촬영한 복제물, 우리가 결국 참조할 수밖에 없는 그런 복제물처럼 봐서는 안 된다. 반대로 그 이미지들은 **자체의** 가치를 갖는다. 그것들은 『피카트릭스』의 의미에서 부적들이다. 거기에는 그 이미지들이 복제하는 듯 보이는 대상들의 표시가 정착되어 있다. 따라서 정념정형은 예술작품에 있는 것도, 예술가나 예술사가의 정신에 있는 것도 아니다. 정념정형은 이 아틀라스가 꼼꼼히 등재한 이미지들과 일치한다. 『점성술 대서설』이나 『피카트릭스』는 그 책장을 넘기는 주술사에게 부적을 제작할 수 있게 해주는 10분각과 행성들의 형상들과 표시들의 목록을 제공한다. 마찬가지로 『므네모시네』는 예술가(또는 연구자)가 서구의 역사적 기억의 전통에서 문제가 되는 위험천만한 조작을 이해하고 실행하고자 한다면 마땅히 알고 다루는 법을 배워야 하는 표시들의 아틀라스이다. 그래서 바르부르크는 사실 과학 용어보다는 주술 용어에 더 가까운 초과학적 용어법을 쓰면서 정념정형들, 그리고 예술가(또는 연구자)와 만날 때마다 효력을 다시 획득하는 '절연된 다이나모그램'abgeschnürte Dynamogramme을 참조할 수 있다. 의심할 나위 없이 프리드리히 테오도르 피셔에서 리하르트 볼프강 제몬까지 당대의 심리학에 영향 받은 불확실한 용어법에도 불구하고, 바르부르크가 파악하려는 정념정형들, '엔그램들[기억흔적들],' 도상^{Bilder}은 징표도 아니고 상징도 아니고 표시이다. 그리고 바르부르크가 수립하는 데 성공하지 못한 '이름 없는 학문'은 주술을 바로 그것의 도구를 가지고 극복하고 지양^{Aufhebung}하는 어떤 것이다. 이런 뜻에서 그것은 표시의 고고학이다.

15. 『말과 사물』에서 푸코는 파라켈수스의 논고를 인용한다. 푸코는 르네상스의 에피스테메 속에 표시론을 위치시키는 순간에 그 논고를 인용한다. 닮음은 르네상스의 에피스테메에서 결정적 역할을 다했다. 푸코에 따르면 닮음은 16세기 말까지 문헌 주해와 해석은 물론이거니와 인간과 우주의 관계에 대한 주해와 해석까지도 지배했다. 하지만 닮음, 공감, 유비, 대응으로 촘촘히 짜인 세계는 표시, 표식을 필요로 한다. 그 표시, 표식은 우리에게 그것들을 식별하는 법을 알려준다. "표시 없는 닮음은 없다. 유사한 것의 세계는 표식된 세계일 수밖에 없다."61) 그리고 닮음에 관한 지식의 토대는 표시들을 식별하고 그것들을 해독하는 데 있다. 푸코는 표시가 닮음의 체계에 도입하는 신기하고도 끊임없는 증식을 알아차렸다.

그런데 이런 기호는 도대체 무엇일까? 세계의 모든 측면과 그만큼 많은 서로 교차하는 모양 사이에서, 비밀스럽고 본질적인 닮음을 가리키기에 세심한 주의를 기울여야 할 특징이 여기에 있음을 인지하게 만드는 것은 도대체 무엇일까? 어떤 형상이 기호의 독특한 기호 가치 속에서 기호를 구성하는 것일까? 그것은 바로 닮음이다. …… 그렇지만 기호가 보여주는 것은 상동 관계가 아니다. 왜냐하면 표시로서 구분되는 기호의 존재는 기호를 기호로 갖는[기호가 표시하는] 표면에서 사라질 수도 있기 때문이다. 기호는 **또 다른** 닮음이다. 기호는 첫 번째 유사성을 식별하는 데 쓰이지만, 그것 역시 세 번째 유사성에 의해 드러나는 다른 유형의 인접한 유사성이다. 기호는 최초의 유사성에 대한 인식의 도구가 되는 것이기도 하며, 세 번째 유사성에 의해 드러나는 것이기도 하다. 모든 닮음은 표시를 부여받는다. 그러나 이 표시는 동일한 닮음이 공유하는 형태일 뿐이다. 그래서 표식들 전체는 유사성들의 고리에 두 번째 고리를 슬쩍 끼어들게 한다. 만일 이 작은 간격이 아니었다면, 두 번째 고리는 첫 번째 고리와 정확히 일대일로 중복됐을 것이다. …… 표시와 표시가 가리키는 것은 확실히 동일한 성질의 것이다. 그 둘은 상이한 분배 법칙을 따를 뿐, 마름질^{découpage}은 동일하다.[62]

하지만 푸코는 파라켈수스에서 오즈발트 크롤리우스에 이르기까지 자신이 분석하는 저자들과 마찬가지로 자신이 보기에 닮음 개념으로 귀착되는 표시 개념을 정의하지는 않는다.

그렇지만 르네상스의 에피스테메에 관한 푸코의 정의에는 표시의 고유한 장소와 기능을 확인하기 위해 충분히 발전시킬 만한 동기가 있다. 푸코는 어느 지점에서 기호학(기호인 것과 그렇지 않은 것을 식별케 해주는 인식 전체)을 해석학(기호들의 의미를 발견하고, "기호들로 하여금 말하게"[63] 해주는 인식 전체)과 구별한다. 푸코가 제안하고 있듯이 16세기에는 "기호학과 해석학이 유사성의 형태 속에 겹쳐 있었다. …… 사물들의 본성, 사물들의 공존, 사물들을 연결하고 서로 소통하게 만드는 연쇄는 사물들의 닮음과 다르지 않다. 그리고 닮음은 세계를 끝에서 끝까지 가로지르는 기호들의 망 속에서만 나타날 뿐이다."[64] 그렇지만 기호학과 해석학이 닮음에 의거해 완벽히 일치하지는 않는다. 둘 사이에는 간극이 남아 있으며, 그 간극에서 지식이 만들어진다.

만일 닮음의 해석학과 표시의 기호학이 그야말로 정확하게 일치한다면 모든 것은 직접적이고 명백할 것이다. 그렇지만 표기 기호를 형성하는 유사성과 담론을 형성하는 유사성 사이에는 '간극'[골]^{cran}이 있기 때문에, 바로 그 간극에서 지식과 지식을 향한 무한한 노고는 자기들 자체에 고유한 공간을 부여받는다. 따라서 그것들[지식과 그 무한한 노고]은 무한히 구불구불한 경로를 따라 유사한 것에서, 또 그것과 유사한 것으로 나아가면서 이 간격을 누빌 필요가 있게 된다.[65]

이 구절에서 표시의 장소와 본성이 문제적으로 남아 있긴 해도, 표시들이 기호학과 해석학의 간극 및 절연絶緣에서 각자의 고유한 상황을 찾는다는 것은 확실하다. 1970년에 『말과 사물』에 대한 논문을 쓰면서 메란드리는 표시 개념을 이 맥락에서 처음으로 정의했다. 푸코에게 있어서 기호학과 해석학의 불일치로부터 출발하면서, 메란드리는 표시를 한 곳에서 다른 곳으로 이행케 해주는 것으로 정의한다.

> **표시**는 일종의 기호 안의 기호이다. 표시는 임의의 기호학의 맥락에서 임의의 해석을 일의적으로 참조하는 지표^{indice}이다. 표시는 그것이 기호를 만듦으로써 기호 해독용 코드를 가리킨다는 의미에서 기호에 들러붙는다.[66]

르네상스의 에피스테메에서 표시는 기호와 지시대상 사이의 닮음을 참조했지만, 근대 과학에서는 더 이상 개별 기호의 성격이 아니라 기호가 여타의 기호들과 맺는 관계가 된다. 모든 경우에서 "에피스테메의 **유형**은 표시의 유형에 달려 있다." 표시는 "이 기호의 성격 혹은 기호의 체계인 바, 기호를 만듦으로써 그것이 지시대상과 맺는 관계를 드러낸다."[67]

16. 기호학과 해석학 사이의 이행이 당연하기는커녕 둘 사이에는 메울 수 없는 간극이 있다고 생각한 것은 에밀 방브니스

트의 최종 연구 성과 중 하나이다. 1969년에 방브니스트가 쓴 시론, 「언어의 기호학」을 살펴보자. 여기서 방브니스트는 언어 활동에서 '이중의 의미 형성'une double signifiance을 구별한다. 그 것은 떨어져 있으며 대립되는 두 구도, 즉 한편으로 기호론적 구도, 다른 한편으로 의미론적 구도에 대응한다.

기호론은 언어기호에 고유한 의미 형성 방식을 가리키며, 언어기호를 단위로서 성립시킨다. …… 언어기호가 인지되기 위해서 갖는 유일한 문제는 그 존재의 여부 문제이다. 이 문제는 곧 예, 아니오로 결정된다. …… 언어기호가 언어 공동체 구성원 전체에 의해 유의미한 것으로 인지되면 그것은 존재하는 것이다. …… 의미론과 더불어 우리는 담화에 의해 생성되는 의미 형성의 특정한 방식으로 들어간다. 여기서 제기되는 문제들은 메시지의 산출자로서 언어가 갖는 기능이다. 그런데 메시지는 별개로 확인되는 단위들의 연속체로 환원되지 않는다. 의미를 산출하는 것은 기호들의 합산이 아니라 오히려 포괄적 의미('의도')가 특정 '기호들,' 즉 단어들로 실현되고 구분되는 것이다. …… 의미적 차원은 언표행위의 세계와 담화의 우주와 동일시된다. 별도의 두 차원의 개념들과 개념적인 두 세계가 문제시된다는 것을 또한 서로 요청되는 유효성의 기준의 차이로도 보여줄 수 있다. 기호론(기호)은 인지되어야 한다. 의미론(담화)은 이해되어야 한다.[68]

방브니스트에 따르면, 언어를 기호 체계로만 생각하려는 페르디낭 드 소쉬르의 시도는 불충분하며 우리가 어떻게 기호에서 말/파롤로 넘어가는지를 설명해주지 못한다. 언어활동/랑가주를 기호 체계로 해석하는 언어기호학은 "역설적으로 이를 만들어낸 수단 자체, 즉 기호에 의해서 막혀 있다."[69] 사후 출판된 노트에 담긴 소쉬르의 직관이 보여주듯이, 만일 언어가 기호 체계라고 전제한다면, 이 기호들이 어떻게 담화로 변형되는지 설명해줄 수 있는 것은 아무것도 없다.

다양한 개념들이 언어에 쓰일 준비를 하고서(다시 말해, 언어학적 형태의 차림으로) 서 있다. 예를 들어 **소, 호수, 하늘, 붉은, 슬픈, 다섯, 쪼개다, 보다.** 어떤 순간에, 어떤 조작에 의해, 그것들 사이에 수립되는 어떤 작용에 의해, 어떤 조건에서 이 개념들은 담화를 형성하게 되는가? 이 일련의 단어들은 그것이 불러내는 관념으로 아무리 풍부해진다 해도 결코 한 인간 개체에게 다른 인간 개체가 그 단어들을 발음하면서 그에게 무언가를 의미하고자 한다는 사실을 가리켜주지 못할 것이다.[70]

이런 의미에서 방브니스트는 과격한 주장으로 끝을 맺을 수 있다. "사실상 기호의 세계는 닫힌 세계이다. 기호에서 문장에 이르는 데는 통합 작용이나 그 어떤 다른 방법으로도 전이라는 것이 없다. 하나의 충돌 현상이 이들을 분리시킨다."[71]

푸코와 메란드리의 용어로 위와 마찬가지의 것을 표현하자면, 기호학에서 해석학으로 가는 전이는 없다. 기호학과 해석학을 나누는 '충돌 현상'에 표시들이 위치한다. 표시들이 기호들을 말하게 하지 않는 한 기호들은 말하지 않는다. 이것은 언어학적 의미작용론이 표시론에 의해 보충되어야 한다는 뜻이다. 방브니스트가 동일한 시기에 발전시킨 언표행위론은 이 틈 위에 다리를 놓음으로써 기호론과 의미론 사이의 이행을 사유할 수 있게 만들려던 시도로 볼 수 있다.

17. 방브니스트가 「언어의 기호학」이라는 논문을 발표한 바로 그해에 푸코는 『지식의 고고학』을 출간한다. 이 책에 방브니스트의 이름이 나오는 것도 아니고, 푸코가 방브니스트의 최신 논문들을 몰랐을 수도 있지만, 은밀한 실이 푸코의 인식론 선언과 이 언어학자의 테제들을 이어준다. 『지식의 고고학』의 비할 데 없는 새로움은 푸코가 '언표'라고 부르는 것을 명시적인 대상으로 삼은 데 있다. 그렇지만 언표는 담론으로(의미론으로) 간단히 환원되지 않는다. 왜냐하면 푸코는 언표를 문장이나 명제로부터 세심하게 구별하기 때문이다. 푸코가 적고 있듯이, 언표는 "명제 구조를 우리가 뽑아내 정의할 때 '남는' 것"으로서, 일종의 잔여 요소, "관여하지 않는 소재"이다.[72] 그러나 언표를 기호론에 전적으로 위치시키고서 그것을 기호로 환원할 수도 없다. "언표를 기호의 단일 집단 쪽에서 구하

는 것은 무용한 일이다. 통합체도 구성 규칙도, 계기와 순열의 기본 형식도 아닌, 언표는 그런 기호들의 집합이 존재할 수 있게 해주는 것이자 이 규칙들 또는 형식들이 현실화할 수 있게 해주는 것이다."73)

여기서 푸코가 '언표 기능'을 정의하려 할 때 맞닥뜨린 곤란이 생긴다. 하지만 여기서도 언표가 기호의 차원과 관련해, 그리고 기호가 의미하는 대상의 차원과 관련해 갖는 이질발생성을 매번 재확인하려는 집착이 나온다.

> 언표는 (비록 그것이 자연적이거나 인위적인 언어학 체계 내에서만 그것들의 개별성에서 정의 가능한 기호들로 구성될지라도) 언어/랑그와 동일한 방식으로 존재하지 않으며, (비록 그것이 우리가 시공간 좌표에 따라 항상 그것의 위치를 지정할 수 있는, 어떤 물질성을 갖는 것이긴 하지만) 지각에 주어진 대상들과 동일한 방식으로 존재하지도 않는다. …… 언표는 문장, 명제, 또는 언어의 행위 같은 유의 단위가 아니다. 언표는 동일한 기준의 지배를 받지 않는다. 하지만 언표는 자신의 한계와 독립성을 갖는 물질적 대상이 하나의 단위가 되는 것처럼 하나의 단위가 되는 것도 아니다.74)

언표는 일련의 논리적, 문법적, 통사적 관계를 참조하는 기호 또는 구조처럼 식별 가능한 것도 아니다. 기호, 문장, 명제에서 언표는 오히려 그것들이 단적으로 존재한다는 수준에서 작동한다. 언어활동이 실효적인지, 문장이 정확한지, 기능이 실현됐는지를 매번 결정할 수 있게 해주는 효력의 기능자처럼 작동하는 것이다.

> 언표는 구조가 아니다. …… 언표는 기호에만 속하는 존재의 기능으로서, 그 기능으로부터 우리는 분석이나 직관을 통해 기호에 '의미가 있는지' 없는지, 어떤 규칙을 따라 기호가 이어지고 병렬되는지, 기호가 무엇의 기호가 되는지, 어떤 종류의 행위가 기호의 정식화에 의해 실효적으로 되는지를 결정할 수 있다. …… 언표는 그 자체로는 결코 단위가 아니며, 구조의 영역과 가능한 단위의 영역을 교차시켜, 그것들[구조와 가능한 단위]이 시간과 공간에서 구체적인 내용을 가지고 나타나게 만드는 하나의 기능이다.[75]

물론 푸코는 언표를 언어학 분석의 여러 수준들 중 하나로 정의할 수 없으며, 자신이 모색하는 고고학은 분과학문적 지식의 장과 비교 가능한 장을 언어활동에 전혀 한정하지 않는다고 설명하곤 했다. 『지식의 고고학』 전체는 망설임과 반복, 중단과 재개, 그리고 본래 의미의 학문을 구성하겠다는 포부를 갖지 않는다는 분명한 인정과 더불어 이 곤란을 증언한다. 언표 기능은 그것이 항상 이미 문장과 명제에 투자됐다는 의미에서, 그것이 기표나 기의와 합치되지 않고 "기표와 기의가 주어진다는 사실 자체, 그리고 기표와 기의가 주어지는 방식"[76]을 참조한다는 점에서 기표와 기의 안에서는 거의 비가시적이며, 어떤 것을 가리키거나 어떤 것에 의해 가리켜지는 능력의 저편이나 이편에서 인식되어야 한다. 따라서 "언어활동[랑가주]을 그것이 참조하는 방향에서가 아니라 그것을 부여하는 차원에서 물어야"[77] 한다. 언표 기능을 파악하는 데에는 의사소통을 좌우하고 말하는 주체의 능력을 고정하는 논리적 혹은 문법적 규칙들의 집합을 고려하는 것이 관건이 아니라 '담론 실천들'(다시 말해, "특정한 시기에 그리고 특정한 사회적·경제적·지리적·언어적 분야에서 언표 기능의 실행 조건들을 규정했던, 시간과 공간 속에서 항상 결정되는 익명의 역사적 규칙들의 집합"[78])에 주의를 기울이는 것이 관건이다.

우리가 『말과 사물』에서 표시의 소관이던 자리를 『지식의 고고학』에서 언표가 차지한다는 가설에서 출발한다면, 그리고 표시를 야기하는 기호학과 해석학의 문턱에 언표를 위치시킨다면, 모든 것이 더 명확해진다. 기호론도 아니고 의미론도 아니며, 담론이나 순수 기호는 더더욱 아닌, 언표는 표시처럼 기호론적 관계를 수립하지도 새로운 기의를 창조하지도 않고 기호들을 그것들의 존재 수준에서 표식하고 '성격 규정'하며, 그리하여 기호들을 현실화하고 그것들의 효력을 전위시킨다. 언표는 존재하며 사용된다는 사실을 통해 기호들이 받아들이는 표시이자, 무엇인가를 의미하는 그 능력 속에서 기호들을 표식하며, 어떤 맥락 속에서 그 기호들에 대한 해석과 효력의 방향을 정하고 규정하는 지울 수 없는 인호이다. 화폐에 찍힌 표시처럼, 점성술에서 하늘의 별자리와 10분각의 모양처럼, 좁쌀풀의 꽃부리 위에 난 홑눈 모양의 얼룩처럼, 세례가 세례를 받는 자의 영혼에 새기는 인호처럼, 언표는 항상 이미 기호학도 해석학도 소진시킬 수 없었던 기호들의 이 운명과 이 생명을 실제적으로 결정했다.

표시(언표)론은 이른바 순수하고 표식 없는 기호들이 있을 수 있으며, 기표[표시하는 것]^{signans}가 중립적이고 일의적이며 단 한 번의 방식으로 기의[표시된 것]^{signatum}를 의미한다는 추상적인 잘못된 관념을 교정하는 데 개입한다. 기호는 표시를 운반하기 때문에 의미한다. 하지만 표시는 필연적으로 기호의 해석을 사전에 결정하며, 기호의 사용과 효력을 규칙·실천·수칙에 따라 분배한다. 이 규칙, 실천, 수칙을 알아보는 것이 중요하다. 이런 뜻에서 고고학은 표시의 학문이다.

18. 『지식의 고고학』에서 푸코는 언표가 순수하게 존재한다는 성격을 누차 역설한다. 언표는 "구조가 아니라 …… 존재의 기능"이기 때문에 실제 특성을 가진 대상이 아니라 순수한 존재, 어떤 요소(언어활동)가 일어났다는 단적인 사실이다. 언표는 그것이 주어진다는 순수한 사실만으로 언어활동을 표식하는 표시이다.

17세기에 영국 철학자 체버리의 허버트는 표시에 관한 학설을 존재론과 연결하려 했다. 이 시도는 스콜라 철학자들이 '초월자'transcendentia/transcendentalia라고 불렸던 술어들(그것들은 가장 일반적인 술어인 바, 존재한다는 사실 자체로 모든 존재자에 권리상 속하는 한에서 초월적이다)에 대한 해석과 관련 있다. 그 술어들은 다음과 같다. 것/사물res, 진眞/verum, 선善/bonum, 어떤 것aliquid, 하나unum. 존재한다는 사실만으로 모든 존재자는 하나이고, 참되며, 선한 어떤 것이다. 그렇기 때문에 스콜라 철학자들은 이 술어들의 의미가 순수 존재와 일치된다reciprocatur cum ente고 말하곤 했다. 그리고 그것의 본성을 존재의 겪음passiones entis이라는 구어로, 다시 말해 한 존재자가 존재한다는 단적인 사실로 인해 '겪거나' 수용하는 속성들로 정의하곤 했다.

허버트의 천재적인 기여는 바로 이런 초월적 술어들(혹은 적어도 그것들 중 하나)을 표시로 읽었다는 데 있다. 『진리에 관하여』(1633)에서 초월적 술어 bonum의 본성과 의미를 분석하면서, 허버트는 그것이 존재한다는 바로 그 사실 자체로 인해 bonum을 사물에 권리상 속하는 표시로서 정의하고 있다. "사물의 선은 그것의 내적 표시이다"Bonitas ····· in re est ejus signatura interior.79) 선은 '존재의 겪음'의 하나인 바, 필연적으로 사물을 표식하며 그것의 감각적 외양('유쾌한,' '아름다운')과 지적 인식(궁극의 선의 표시ultima bonitatis signatura에 대한 지각인 지성작용)에서 펼쳐진다.

이제 허버트의 이 직관을 일반화해보자. 그것은 초월적인 것들에 대한 학설인 제1철학의 핵심적인 장에 새로운 빛을 비춰준다. 존재는 그 자체로 가장 텅 빈 유적^{類的} 개념이다. 존재는 부정신학의 '……도 아니고, ……도 아니다' 말고 다른 어떤 규정도 받아들이지 않는 듯 보인다. 반대로, 존재가 존재한다는 사실 자체로 인해 존재자 안에 주어지고, 그것에 대한 이해의 방향을 한정된 영역과 어떤 해석학 쪽으로 정하는 표식이나 표시를 겪거나 수용한다고 가정해보자. 그러면 존재론은 존재의 '담론'으로서, 곧 '존재의 겪음'의 담론으로서 가능할 것이다. 임의의 존재자는 하나이고, 참되며, 선하다$^{\text{Quodlibet ens}}$ $^{\text{est unum, verum, bonum}}$. 모든 존재자는 (존재자를 수학이나 단독성의 이론으로 이동시키는) 하나의 표시를, (존재자를 인식론으로 향하도록 방향을 잡는) 참의 표시를, (존재자를 소통 가능하고 욕망할 만한 것으로 만드는) 선의 표시를 제시한다.

여기서 우리는 존재론에서 표시론이 갖는 특별한 중요성을 건드리고 있다. '존재의 겪음'이라는 어구에서 속격의 본성은 (객체적인지 주체적인지) 불명확하다. 뿐만 아니라 존재와 그것의 겪음은 동일하다. 존재는 겪음 속에, 즉 표시 속에 초월적으로 흩뿌려짐^{散種}이다. 표시는 (언어와 관련해 언표들처럼) 순수하게 존재한다는 수준에서 사물을 표식하는 것이다. 단적인 존재$^{\text{on haploús}}$, 즉 순수 존재는 원표시자^{arcisignator}로서, 존재자들에 그것의 초월적 표식을 새긴다. 존재함은 실재 술어가 아니라는 칸트의 원리는 여기서 그 참된 의미를 드러낸다. 존재는 "사물의 개념에다 보탤 수 있는 어떤 것의 개념"이 아니다.[80] 왜냐하면 사실 존재는 개념이 아니라 표시이기 때문이다. 그리고 이런 의미에서 존재론은 한정된 지식이 아니라 모든 지식의 고고학이다. 존재한다는 사실 자체로 인해 존재자들에 권리상 속하는 표시들을 찾고, 개별적인 지식의 해석을 위해 표시들을 마련하는 그런 고고학 말이다.

19. 표시론은 또한 카발라 연구자들을 가장 괴롭혔던 문제들 중 하나의 진상을 밝힐 수 있게 해준다. 엔소프(단순하고 무한한 존재로서 신)와 세피로트(신이 그 속에서 스스로를 현시하는 열 개의 '단어들' 혹은 속성들)의 관계 문제 말이다. 신이 절대적으로 단순하고 하나이며 무한하다면, 어떻게 다수의 속성과 규정을 수용할 수 있는가? 세피로트가 신 안에 있다면, 신은 그것의 단일성과 단순성을 잃게 된다. 세피로트가 신 바깥에 있다면, 그것은 전혀 신적인 것일 수 없다. "자네는 이 양자택일에서 벗어날 수 없을 걸세." 파두아의 위대한 카발라주의자 모제스 하임 루차토가 쓴 대화록 『철학자와 카발라주의자』에서 철학자는 그렇게 힘주어 말한다.

세피로트는 신 안에 있거나 그렇지 않을 걸세. …… 어떻게 신적인 것에서 파생된 신적인 것을 생각할 수 있는가? 신은 유일하고 필연적으로 존재하는 자를 뜻하지 않는가? …… 우리는 신을 절대적으로 하나라고 할 때의 하나로 이해해야만 하네. 어떻게 신 안에서 다수, 생성, 하나에서 다른 하나로의 빛의 파생을 생각할 수 있겠나? …… 우리는 축복받은 거룩한 자[신]가 절대적으로 단순하며 어떤 우연도 그에게 귀속될 수 없음을 알고 있다네.[81]

동일한 문제가 그리스도교 신학에서(유대교 신학과 이슬람교 신학에서도) 신의 속성 문제로서 제기된다. 알다시피 해리 A. 울프슨과 레오 스트라우스에 따르면, 플라톤에서 스피노자까지 서구 철학사와 신학사는 신의 속성에 관한 교설의 역사와 일치한다. 하지만 철학자들과 신학자들이 쉼 없이 되풀이했듯이 이 교설은 본래 아포리아적이다. 신은 절대적으로 단순한 존재인고로, 신에게서는 본질과 존재를 구별할 수 없거니와 본질과 속성 또는 유와 종을 구별할 수도 없다. 하지만 신은 절대적으로 완벽한 존재인고로, 모종의 방식으로 모든 완벽함과 모든 속성을 그것들이 [신의] 완벽함을 표현하는 한에서 가질 수 있을 것이다. 이렇게 한편에는 속성이 실제로 신 안에 존재한다고 단언하는 자들이 있고, 다른 한편에는 속성은 인간의 정신에만 존재한다고 확고히 주장하는 자들이 있다.

표시는 이 거짓 양자택일을 깨부순다. 속성들(카발라주의자들에게는 세피로트)은 신의 본질도 아니고 본질에 외적인 어떤 것도 아니다. 속성들은 표시이다. 그저 신이 존재한다는 존재의 절대성과 단순성에 거의 흠집을 내지 않으며 신에게 계시와 인식 가능성을 마련해주는 표시인 것이다.

20. 계몽주의가 도래함에 따라 표시 개념은 서구 과학에서 사라진다. 『백과사전』은 [특히 제15권에서] 표시라는 용어에 두 줄을 할애해 일종의 조롱하는 추도문을 작성했다. "식물의 모양과 효용 사이의 터무니없는 관계. 이 기상천외한 체계는 너무 유행했다."[82] 더욱 의미심장한 것은 19세기 후반부터 표시 개념이 다른 이름으로 조금씩 부활했다는 것이다. 너무 유명해 여기서 그 설명을 그대로 전부 차용할 만한 어느 시론에서, 이탈리아의 역사가인 카를로 긴즈부르그는 전혀 다른 지식과 기술에서 [표시 개념이] 재출현하는 것에 관해 면밀한 지도를 그렸다. 긴즈부르그의 논문은 메소포타미아의 점술에서 지그문트 프로이트까지, 경찰의 신원확인 기술에서 예술사까지 모두 아우른다. 긴즈부르그가 인식론적 패러다임을 재구축한다는 사실을 환기하는 것으로 충분할 것이다. 긴즈부르그가 갈릴레오 갈릴레이의 과학 모델과 구별하기 위해서 '지표적인'indiziario 것이라고 정의하는 그 패러다임은 "개별 사례, 상황, 사료를 **개별적이기 때문에** 대상으로 삼으며, 바로 그 때문에 제거할 수 없는 우발성의 여지를 남기는 결과들을 획득하는 현저히 질적인 분과학문"[83])과 관련된다.

조르조네, 「잠자는 비너스」(Gemäldegalerie Alte Meister, Dresden, 108.5×175cm, 1510)

조반니 모렐리의 경우가 좋은 본보기이다. 모렐리는 레르
몰리예프라는 러시아식 필명(그것은 사실 철자 바꾸기 혹은 오
히려 진짜 '서명'이었다. 모렐리 에프.$^{Morelli\ eff.}$, 즉 [모렐리가] 만
들었다^{effinxit} 또는 작성했다^{effecit})으로 1874년부터 1876년 사
이에 일련의 논문들을 발표했다. 그 논문들은 회화의 저자 귀
속 기술을 혁신했다(특히 그동안 드레스덴 미술관에 "티치아노
의 사라진 원작을 모방한 사소페라토의 모작"으로 표시됐던 「잠
자는 비너스」를 조르조네에게 다시 귀속시킨 것은 모렐리의 공적
이다). 야콥 부르크하르트와 프로이트의 경탄을 자아내고 미술
전문가들을 격분시킨 '모렐리 식 방법'의 새로움은 그때까지

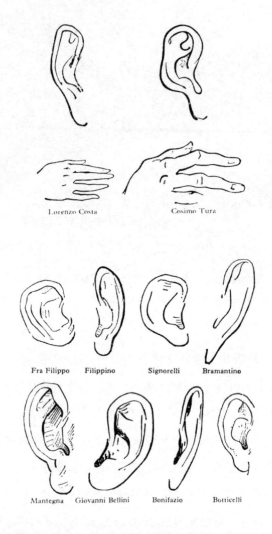

Lorenzo Costa   Cosimo Tura

Fra Filippo   Filippino   Signorelli   Bramantino

Mantegna   Giovanni Bellini   Bonifazio   Botticelli

이반 레르몰리예프, 『모나코, 드레스덴, 베를린 미술관들의 이탈리아 거장들의 작품』(*Die Werke ital
-ienischer Meister in den Galerien von München, Dresden und Berlin*, 1880) **중에서** 모렐리는 자
신의 감정 기법을 정리한 이 책을 '이반 레르몰리예프'라는 가명으로 독일에서 처음 출판했다. 레르
몰리예프의 실명이 알려진 것은 1883년 영어판 표지를 통해서였다.

의 예술사가들처럼 가장 눈에 띄는 양식적·도상적 특징에 주의를 기울이는 대신 오히려 귓불, 손가락과 발가락 모양, "심지어 말하기에도 추잡한^{horribile dictu}, 손톱 같은 불쾌한 대상까지" 의미 없는 세부[디테일]를 검토하는 것이었다. 양식의 통제가 느슨해지는 부차적인 세부를 만들 때 예술가의 가장 개인적이고 무의식적인 특징이 돌연 출연할 수 있었던 것이다. 그 특징은 "예술가가 깨닫지 못한 채 그를 벗어난다."[84]

귀속 문제를 연구했던 예술사가인 엔리코 카스텔누오보의 뒤를 따라, 긴즈부르그는 모렐리의 지표적인 방법을 거의 비슷한 시기에 아서 코난 도일이 탐정 셜록 홈즈를 위해 고안한 방법과 근접시킨다. "예술 감식가는 최대 다수의 지각 불가능한 지표들에 근거해 범죄(그림)의 저자를 발견하는 탐정과 비교할 수 있다."[85] 그리고 홈즈가 (「소포상자」[86]라는 제목의 이야기에서) 진흙에 난 신발 자국, 바닥에 떨어진 담뱃재, 귓불의 곡선에까지 거의 편집광적으로 주의를 기울이는 것은 확실히 위僞-레르몰리예프가 거장의 그림들에 나타난 무시할 만한 세부들에 기울인 주의를 상기시킨다.

알다시피 모렐리의 저작은 정신분석을 구상하기 이전의 프로이트의 주의를 끌었다. 이미 에드가르 빈트는 모렐리의 원리(덜 애쓴 부분에서 저자의 개성을 찾아야 한다)가 근대 심리학의 원리(우리 성격의 비밀을 폭로하는 것은 바로 우리의 사소한 무의식적 제스처들이다)를 상기시킨다고 지적한 바 있다. 프로이트 자신이 「미켈란젤로의 모세 상」에서 주저하지 않고 단언하듯이, 모렐리의 방법은 "정신분석의 기술과 밀접한 상관관계가 있다. 정신분석 역시 사람들이 고려하지 않거나 혹은 소홀히 취급하는 특징들에서 출발해, 나아가서는 관찰에서 제외된 찌꺼기들(즉, '거부된 것들')에서 출발해 숨겨져 있는 은밀한 것들을 간파해내는 데 익숙해 있다."[87]

모렐리의 방법만큼이나 홈즈와 프로이트의 방법, 알퐁스 베르티용과 프랜시스 골턴의 방법의 준거가 된 표지의 본성은 우리가 그것을 표시론의 관점에 놓을 때 특히 명확해진다. 모렐리가 귓불이나 손톱 모양이 그려진 방식에 대해 수집한 세부들, 홈즈가 진흙이나 담뱃재에서 조사하는 흔적들, 프로이트가 주의를 기울인 거부된 것과 실수들은 모두 표시들이다. 그것들은 엄밀한 의미에서 기호론적 차원을 넘어서며, 일련의 세부들을 어떤 개인이나 사건의 식별과 규정에 유효하게 연결할 수 있게 해준다.

파리 국립도서관 판화실에는 앙리 랑드뤼의 범죄를 수사하는 동안 피고인의 정원에서 경찰이 수거한 물품들과 증거들/지표들을 찍은 사진들(1919)이 보관되어 있다. 그 사진들은 그림 액자 비슷하게 봉해진 작은 진열장들이다. 거기에는 기저귀 핀, 단추, 금속제 판과 브로치, 뼛조각, 가루가 든 유리병, 그리고 이런 유의 다른 자질구레한 물건들이 완벽한 순서로 분류되어 있다. 어쩔 수 없이 초현실주의자들의 몽환적 오브제들을 연상케 하는 이 하찮은 수집품들의 의미는 무엇일까? 각 진열장에 딸린 설명문은 의심의 여지가 없다. 그것은 증거 또는 흔적으로서 범죄와 특별한 관계를 유지하는 물건이나 신체의 파편들이다. 따라서 증거는 그 자체로 대수롭지 않고 무의미한 대상과 사건(이 경우엔 범죄이지만, 프로이트의 경우에는 외상적 사건)과 주체(피살자, 살인자, 그림의 작가)를 유효하게 연관시키는 표시의 본보기를 보여준다. 긴즈부르그가 자신의 시론 첫머리에 인용한 바르부르크의 유명한 모토에 따르면, 세부 속에 스스로를 감추는 '선한 신,' 그는 **표시자**이다.

21. 표시에 관한 진정으로 고유한 철학은 발터 벤야민이 미메시스 능력에 할애한 두 개의 단편에 담겨 있다. 표시라는 용어가 나오지는 않지만, 거기서 벤야민이 '모방 요소'[미메시스적인 것]das Mimetische 또는 '비물질적 유사성'[비감각적 유사성]이라고 부르는 것은 의심의 여지없이 표시의 영역을 가리킨다. 유사성을 지각하는 인간의 고유한 능력(벤야민은 그것의 계통 발생을 재구축하려 했으며, 우리 시대에 그것의 쇠퇴를 기록했다)은 사실 우리가 지금까지 분석한 표시들을 알아보는 능력과 정확하게 일치한다. 파라켈수스와 뵈메의 경우처럼, 미메시스 능력의 분야는 점성술, 그리고 대우주와 소우주의 대응(벤야민은 이 문제에 오래 주의를 기울였다)만이 아니라 우선 언어 활동이다(게르숌 숄렘과의 서신에서, 문제가 되는 단편들은 '새

로운 언어론'으로 소개된다). 언어, 그리고 그와 더불어 글쓰기는 이런 관점에서 보면 일종의 "비감각적 유사성, 비감각적 상응관계들의 서고"[88]로 보인다. 그것들[언어와 글쓰기]은 "소리로 말한 것과 의미된 것 사이의 긴장뿐만 아니라 글로 쓰인 것과 의미된 것 사이의 긴장, 그리고 글로 쓰인 것과 소리로 말한 것 사이의 긴장"[89]을 기초짓고 이뤄낸다. 언어의 주술적-미메시스적 요소에 대해 벤야민이 이렇게 세공한 정의는 우리가 표시에 대해 제시한 정의와 완벽히 일치한다.

> 언어의 모든 미메스적인 것은 흡사 불꽃이 그런 것처럼 일종의 전달자^{Träger}에게서만 현상이 되어 나타날 수 있다. 이 전달자가 기호적인 것이다. 그처럼 단어들 또는 문장들의 의미연관이 전달자이며, 이 전달자에서 비로소 섬광처럼 유사성이 현상화되어 나타난다. 왜냐하면 인간에 의한 유사성의 생산은 (인간에 의한 유사성의 지각과 마찬가지로) 많은 경우에, 특히 중요한 경우에 번쩍임에 매여 있기 때문이다. 그것은 획 지나간다$^{Sie\ huscht\ vorbei\ 90)}$.

우리가 표시와 기호 사이의 관계에 대해서 봤던 것과 마찬가지로, 벤야민에게 비물질적[비감각적] 유사성은 언어의 기호론적 요소의 환원 불가능한 보충물로서 기능한다. 그것 없이는 담화로의 이행을 이해할 수 없다. 바르부르크에게 있어서 점성술 표시가 그러했듯이, 언어의 주술적-미메시스적 요소에 대한 이해야말로 종국에 주술을 극복할 수 있게 해준다.

이처럼 언어는 미메시스적 태도의 최고 단계가 됐고 비감각적 유사성의 완벽한 서고, 미메시스적으로 생산하고 파악하는 이전의 능력들이 그 안으로 남김없이 전이되어 들어가 마법의 힘들을 해체할 정도까지 이르게 된 매체가 됐을 것이다.[91]

22. 벤야민에게, 특히 파리의 파사쥬[아케이드]passages를 연구하기 시작했을 때부터, 표시의 고유한 분야는 역사이다. 표시는 거기서 ('비밀스런,' '역사적인,' '시간의') '색인' 또는 '이미지'Bilder(자주 '변증법적'이라는 수식어가 붙은 이미지)라는 이름으로 나타난다. 「역사의 개념에 대하여」 두 번째 테제에는 이런 구절이 있다. "과거는 그것을 구원으로 지시하는 어떤 은밀한 색인einen heimlichen Index을 지니고 있다."[92] 『파사젠베르크』의 단편 N3, 1은 그것을 다음과 같이 명시하고 있다.

이미지들이 역사적 색인을 갖고 있다는 말은 단순히 이미지가 특정 시대에 고유한 것이라는 것뿐만 아니라 무엇보다 특정 시대에만 해독 가능하게 된다는 것을 의미한다. …… 모든 현재는 이 현재와 동시적인 이미지들에 의해 규정된다. 모든 '지금'jetzt은 특정한 인식이 가능한 지금인 것이다. …… 과거가 현재에 빛을 던지는 것도, 그렇다고 현재가 과거에 빛을 던지는 것도 아니다. 오히려 이미지란 과거에 있었던 것이 지금과 섬광처럼 한순간에 만나 하나의 성좌를 만드는 것을 말한다. 다시 말해 이미지는 정지 상태의 변증법이다.[93]

[「역사의 개념에 대하여」의] 다섯 번째 테제는 미메시스 능력에 관한 단편에서 비감각적 유사성을 표현한 것과 똑같은 용어들로 이미지의 불안정한 번개 같은 성격을 되풀이한다.

과거의 진정한 이미지는 **획 지나간다**[huscht vorbei]. 과거는 인식될 수 있는 바로 그 순간 번쩍하고는 영영 나타나지 않는 그런 이미지로서만 붙잡을 수 있다.[94]

변증법적 이미지에 관한 이 유명한 정의는 우리가 그것을 그것의 고유한 맥락으로 돌려보낼 때 더 명료해진다. 그 고유한 맥락이란 역사적 표시들에 관한 이론이라는 맥락이다. 알다시피 벤야민의 연구(이 점에서 벤야민은 초현실주의자들과 아방가르드의 예를 따른다)는 그것들이 부차적이고 심지어 찌꺼기(벤야민은 역사의 '넝마'에 대해 말한다)처럼 보이는 한에서 더 강력하게 일종의 표시 또는 색인을 제시하는 대상들을 특권화한다. 이 표시 또는 색인은 그 대상들이 현재를 가리키게 만든다(1930년대에 이미 구닥다리인데다 거의 몽환적인 것이 되어버린 파사쥬는 그것의 본형이다). 역사적 대상은 결코 중립적으로 주어지지 않는다. 그것은 그것을 이미지로 구성하며 그것의 독해 가능성을 시간적으로 결정하고 조건짓는 색인이나 표시를 항상 수반한다. 역사가는 생기 없고 끝없는 문서고 더미에서 우연히 또는 자의적으로 자신의 사료를 선택하는 것이 아니다. 역사가는 지금 여기서 독해를 요구하는 표시들의 아주 가느다랗고 거의 보이지 않는 실을 추적한다. 벤야민에 따르면 연구자의 급은 바로 본성상 하루살이 같은 이 표시들을 읽을 수 있는 능력에 달려 있다.

23. 유행은 표시의 특권화된 분야이다. 유행에서 표시는 그것이 지닌 특유의 역사적 성격을 내비친다. 사실 매번 알아채야 하는 경향/현재성은 항상 시간적 참조와 인용의 끝없는 네트워크를 통해 구성된다. 이 참조와 인용은 경향/현재성을 '더는 아님'과 '다시'로 규정한다. 유행은 시간에 특별한 불연속성을 도입한다. 이는 유행을 그것의 경향/현재성과 구식/비현재성으로, 유행임과 유행 지남으로 나눈다. 이 휴지기는 아무리 얇다 해도 분명하다. 이 휴지기를 지각해야 하는 자들은 반드시 그것을 지각하거나 지나친다. 그들은 바로 이렇게 유행임(또는 유행 지남)을 증언한다. 하지만 그들이 유행을 연대기적 시간에 객관화하고 고정하려 한다면, 유행은 포착 불가능한 것으로 드러난다.

유행의 표시는 연대(1920년대, 1960년대, 1980년대……)를 선형적 연대기에서 뽑아내어 스타일리스트의 제스처와 특별한 관계를 맺도록 배치한다. 스타일리스트는 연대를 인용해 현재의 셈할 수 없는 '지금'에 등장시킨다. 그러나 현재는 그 자체로 포착 불가능하다. 왜냐하면 현재는 과거의 표시들과 맺는 카이로스적인(연대기적인 것이 아닌!) 관계 속에서만 살기 때문이다. 그러므로 유행임은 반드시 어떤 간격 또는 지각 불가능한 편차를 내포한 역설적인 조건이다. 거기서 경향/현재성은 그 자체 내부에 외부의 작은 몫을, 다시 말해 유행에 뒤진 것démodé의 음영陰影을 포함한다. 역사가와 마찬가지로 유행을 타는 사람은 시대의 표시를 읽기 위해 전적으로 과거에 자리 잡아서도 안 되고, 남김없이 현재에 부합해서도 안 된다. 유행을 타는 사람은 이른바 과거와 현재의 '성좌'에, 다시 말해 표시들의 장소 자체에 서야 한다.

24. Indicium(지표)와 index(색인)은 라틴어 동사 dico에서 유래했다. 본디 dico는 '보여주다'(말로 보여주다, 즉 이야기하다)라는 뜻이다. 언어학자들과 문헌학자들은 오래전부터 dico의 친족어와 법의 영역을 묶어주는 본질적인 끈이 있음을 눈치챘다. '말로 보여주기'는 법의 정식에 고유한 조작이다. 그 정식을 발언하는 것은 어떤 효과를 낳기 위한 필요조건을 실현하는 것이다. 방브니스트에 따르면 dix라는 용어('형식상'dicis causa

이라는 관용구에만 살아남아 있다)는 "당위적인 것을 말의 권위로 보여주는 일"[95]이라는 뜻이다. 다시 말해 iudex[재판관]가 "법을 말하는 자"인 것처럼, index는 "말로 보여주거나 가리키는 자"[고발자]를 지칭한다. 이와 동일한 무리群에 vindex라는 용어도 들어간다. 그것은 재판에서 피고를 대신해서 재판 결과를 감수할 준비가 됐다고 선언하는 자를 가리킨다.

vindex라는 용어의 의미를 명확하게 만든 것은 피에르 노아이유의 공적이다. 전통적인 어원학에 따르면 vindex는 vim dicere, 문자 그대로 "힘을 이야기하다, 또는 보여주다"라는 표현에서 유래했다. 그렇지만 도대체 무슨 '힘'이 관건인가? 이 문제와 관련해 연구자들 사이에 중대한 혼란이 있다고 노아이유는 지적하고 있다.

연구자들은 그 단어의 가능한 두 의미 사이에서 끊임없이 동요한다. 힘이거나 폭력(물리적으로 실행된 힘)이거나. 사실 연구자들은 선택하지 않고, 경우에 따라 둘 중 하나의 의미를 전면에 내세운다. 소송sacramentum의 변호vindicationes는 때로 힘의 과시로, 때로 상징적이거나 가장假裝된 폭력 행사로 제시된다. vindex와 관련해서는 훨씬 더 중대한 혼란이 있다. 실제로 그 단어가 가리키는 힘이나 폭력이 법에 봉사하는 자신의 힘이나 폭력을 가리키는 것인지, 아니면 정의를 어긴다고 자신이 고발하는 상대편의 폭력인지 명확히 정해지지 않는다.[96]

그런 혼란에 맞서 노아이유는 문제가 되고 있는 vis가 물리적인 힘이나 폭력일 수 없음을 보여준다. 오히려 노아이유는 vis가 단지 의례의 힘, 다시 말해 "강제력이긴 한데 가장假裝으로라도 폭력 행사에서 물리적으로 사용되길 바라지 않고 그런 사용과 무관한 힘"97)임을 보여준다. 이와 관련해 노아이유는 아울루스 겔리우스의 한 구절을 인용한다. 말로 이야기된 시민적 힘vis civilis …… quae verbo diceretur은 전쟁과 유혈의 힘과 더불어 손으로 만든 힘vis quae manu fieret, cum vi bellica et cruenta에 반대된다. 노아이유의 테제를 발전시키면서 우리는 vindex 행위에서 문제가 되는 "말로 이야기된 힘"이 법의 기원적 힘으로서, 유효한 정식의 힘이라고 가정할 수 있다. 법 영역은 유효한 말의 영역이요, 항상 선포하다/엄숙히 선언하다indicere, 법에 부합하는 것을 이야기하다ius dicere, 그리고 유효한 말을 이야기하다vim dicere인 '이야기하기'의 영역이다. 이것이 참이라면, 법은 전형적인 표시의 영역이다. 법 영역에서 말의 효력은 그것의 기의를 초과한다(혹은 기의를 실현한다). 이와 동시에 언어활동 전체는 그것이 본래 표시 영역에 속한다는 것을 보여준다. 의미작용의 장소이기에 앞서, 나아가 의미작용의 장소가 되는 바로 그 순간에도, 언어활동은 표시의 장소이다. 표시 없이 기호는 기능하지 못할 수 있다. 언어 행위speech act(거기서 언어활동은 주술과 근접해 있다)는 언어활동의 오랜 표시적 본성의 가장 눈에 띄는 유산일 뿐이다.

25. 인간과학에서, 특히 역사 분야에서 모든 연구는 필연적으로 표시와 관계가 있다. 그만큼 더 연구자가 표시를 알아보고 올바르게 다루는 법을 배우는 것이 시급하다. 왜냐하면 궁극적으로 그 연구가 좋은 성과를 냈는가는 표시에 달려 있기 때문이다. 언젠가 질 들뢰즈는 철학 연구가 적어도 두 가지 요소를 포함한다고 썼다. 문제를 식별하기, 그리고 그 문제를 다루기에 적합한 개념을 선택하기. 이 개념은 표시를 포함한다고 덧붙여야겠다. 표시가 없다면 개념은 줄곧 생기도 없고 비생산적이다. 첫눈에 개념으로 보이는 것이 표시인 것으로 밝혀지는 경우가 있을 수도 있다(그 역도 마찬가지이다). 이런 뜻에서 우리는 제1철학에서 초월자는 개념이 아니라 오히려 표시이자 '존재' 개념의 '겪음'임을 살펴봤다.

인간과학에서도 실제로 표시인 개념들과 관계하는 경우가 있을 수 있다. 그런 것들 중 하나가 환속還俗이다. 이와 관련해 1960년대 중반 독일에서는 한스 블루멘베르크, 칼 뢰비트, 칼 슈미트 같은 유명 인사가 참가해 활발한 논의가 이뤄졌다. 참가자들 중 누구도 '환속'이 개념(거기서 문제가 될 수 있는 것은 신학적 개념성과 정치적 개념성의 "구조적 동일성"[98][슈미트의 테제], 또는 그리스도교 신학과 근대성의 불연속성[뢰비트에 맞서 블루멘베르크가 옹호한 테제]이다)이 아니라 정치적 개념들을 표식함으로써 그것들을 신학적 기원으로 돌려보내는 전략적 조작자라는 사실을 이해하지 못했기에 논의는 무효가 됐다.

근대성의 개념 체계에서, 환속은 그것을 신학으로 돌려보내는 표시로 작용한다. 교회법에 따르면, 환속한 사제는 자신이 속했던 교단의 징표를 달고 다녀야 한다. 마찬가지로 '환속된' 개념은 그것이 전에 신학의 영역에 속했음을 표시로 제시한다. 따라서 환속은 하나의 표시, 즉 징표나 개념에서 그것[징표나 개념]을 표식하고 넘어섬으로써 일정한 해석이나 일정한 분야로 돌려보내는 표시이다. 그렇지만 표시는 징표나 개념에서 나와 새로운 개념이나 새로운 기의를 구성하지는 않는다. 환속이 갖는 표시로서의 성격을 포착할 때에만 우리는 막스 베버에서부터 오늘에 이르기까지 연구자들을 끊임없이 열광시키는 논쟁의 (궁극적으로 정치적인) 쟁점을 이해할 수 있다.

표시가 돌려보내는 것/참조하게 만드는 것을 어떤 식으로 이해하느냐가 매번 결정적이다. 20세기 철학과 인간과학의 논의를 지배했던 무수한 교설들은 이런 의미에서 다소 표시를 의식한 실천을 함축한다. 20세기 사유의 무시하지 못할 부분의 근저에 표시의 절대화, 다시 말해 표시가 의미작용에 대해 갖는 구성적 우위에 관한 교설 같은 어떤 것이 전제됐음에 틀림없다고 주장하는 것도 틀린 말이 아닐 것이다.

20세기 인간과학에 결정적 영향을 끼친 니콜라이 트루베츠코이의 결여적 대립 개념을 살펴보자. 그 개념은 다음의 사실을 함축한다. 표식되지 않은 개념은 부재와 현전이 대립되듯이 표식된 용어와 대립되지 않는다. 현전하지 않음은 모종의 방식으로 현존의 영도零度와 마찬가지이다(따라서 현존은 그것의 부재에 **결핍되어 있다**). 이와 동일한 의미에서, 로만 야콥슨에 따르면 영零 기호와 영零 음소는 어떤 변별적 성격도 포함하지 않지만 음소의 단순 부재에는 대립되는 고유한 기능을 갖는다. 이런 개념의 철학적 토대는 아리스토텔레스의 결여stérēsis 이론이다. 헤겔의 지양 개념은 그 이론을 일관되게 발전시킨 것이다. 사실 아리스토텔레스에 따르면,[99] 결여는 단적인 부재apousía와 구별된다. 왜냐하면 결여는 어떻게 보면 자신의 결핍을 통해 스스로를 확인하는 결여의 형상에 대한 참조를 여전히 함축하기 때문이다.

1950년대 말에 클로드 레비-스트로스는 기표가 기의에 대해 갖는 구성적 초과 이론 속에서 이 개념을 발전시켰다. 레비-스트로스에 따르면, 의미작용은 처음부터 그것을 충족시킬 수 있는 기의를 초과한다. 이 간극은 그 자체로는 의미가 비어 있는 자유로운 기표들, 혹은 떠다니는 기표들의 존재로 번역된다. 그러므로 관건이 되는 것은 비-기호 혹은 "상징 가치가 영零인, 나시 말해 …… 보충적인 상징 내용의 필요성을 표식하는"[100] 기호이다. 이 이론은 우리가 그것을 표시가 기호에 대해 갖는 구성적 우위에 관한 교설로 읽을 때 명료해진다. 영도란 기호가 아니라 표시, 즉 어떤 기의도 충족시킬 수 없는 무한한 의미작용에 대한 요청으로서 기의의 부재 속에서 계속 작동하는 표시인 것이다.

반복하건대 모든 것은 기호에 대한 표시의 우위를 어떻게 이해하느냐에 달려 있다. 20세기의 마지막 30년간 해체가 거둔 성공은 기의가 완결되는 사건에 접근하는 길을 결코 열어주지 않는 방식으로 표시들을 중단·공회전시키는 해석 실천과 관련 있다. 해체는 모든 개념을 넘어서는 순수 기록으로서 표시를 사유한다. 이렇게 그 표시는 의미작용의 진화鎭火 불가능성(즉, 무한정한 지연)을 보장한다. 그것이 곧 '원흔적,' '근원적 대체보충'의 의미요, 자크 데리다가 이 '결정 불가능한 것들'의 비개념적 성격을 끈질기게 주장한 것의 의미이다. 개념이 아니라 원표시 혹은 '영도의 표시'가 관건이다. 그것들은 이미 항상 모든 개념과 현전에 대해 대체보충으로서 위치한다. 기원에서 분리되어 대체보충의 위치에 있는 기원의 표시는 끊임없는 차이差移/différance 속에서 모든 의미를 초과하며, 순수한 자기-의미작용 속에서 자신의 흔적을 지운다. "이 초과의 기호는 모든 가능한 현전-부재와 관련해 절대적으로 초과여야 할 뿐 아니라 …… 어떤 방식으로는 여전히 자기-의미작용해야 한다. …… 거기서 흔적은 그 자신의 삭제로서 생산된다."101) 표시의 자기-의미작용은 그 자체로 포착되지는 않는다. 그것은 결코 자기 자신의 무의미일 수는 없다. 그것은 그것의 제스처 자체 속에서 추방되고 지연된다. 이런 의미에서 흔적은 자기 자신에게 매달리고 자기 자신에게 보내진 표시, 즉 자신의 충만plérōma를 결코 알지 못하는 공허kénōsis이다.

푸코의 고고학 전략은 이것과는 전혀 다르다. 푸코의 고고학 전략 역시 표시, 그리고 표시가 의미작용을 초과한다는 사실에서 출발한다. 그렇지만 표시 없는 순수 기호가 결코 있을 수 없듯이, 표시를 기원의 위치에 (설사 대체보충으로서라도) 고립시킬 수도 없다. 『지식의 고고학』에서 표시들의 문서고는 모든 유의미한 담론 안에 기입된 비의미론적인 것의 무리를 취합하고, 어둡고 무의미한 여백인 양 언어행위를 에워싸고 경계짓는다. 또한 표시들의 문서고는 기호들의 존재와 실행, 기호들의 의미, 그리고 시간과 공간 속에서 기호들의 병렬과 계기의 조건을 결정하는 규칙의 집합을 정의한다. 푸코의 고고학은 기원도, 기원의 부재도 결코 찾지 않는다. 「니체, 계보학, 역사」(1971)에서 줄기차게 반복되듯이, 인식 또는 도덕의 계보학을 행한다는 것은 그것들의 시작에 놓인 우연과 세부, 그것들의 역사 속 에피소드와 삽화를 무의미하고 접근 불가능한 것으로 제쳐두면서 그것들의 기원을 조사한다는 뜻이 아니다. 반대로 계보학을 행한다는 것은 사건을 그것에 고유한 분산 속에 그대로 둔다는 뜻이요, 사건의 의미에 수반되고 사건을 결정하는 미세한 이탈과 오류에 매달린다는 뜻이다. 한마디로 계보학을 행한다는 것은 모든 사건에서 그것에 성질을 부여하고 특정하는 표시를 찾고, 모든 표시에서 그것을 운반하고 조건짓는 사건 또는 기호를 찾는다는 뜻이다. 다시 푸코의 용어를 차용하자면 "말하는 것이 어떤 것을 하는

것임을 보여주기 ── 우리가 생각하는 것을 표현하는 것과는
다른 어떤 것을."102)

　해체와 고고학이 표시 전략의 목록의 전부가 아님은 자명
하다. 예컨대 순수 표시에서 무한정 지체하거나 표시가 기호
및 담화 사건과 맺는 중대한 관계만 연구하려들지 않고 표시
와 기호 사이의 분열, 기호론과 의미론의 분열 너머로 거슬러
올라가 표시를 그것의 역사적 완수로 이끄는 실천을 상상해볼
수 있다. 이런 의미에서 표시를 넘어 표식되지 않은 것(파라켈
수스에 따르면 그것은 낙원의 상태, 최종 완성과 일치한다)으로
향하는 철학적 탐구가 가능해야 한다. 이것은 소위 다른 이야
기이다. 그것을 검증하는 것은 다른 사람들의 몫이다.

3장. 철학적 고고학

Archeologia filosofica

1. '철학적 고고학'이라는 관념은 임마누엘 칸트에게서 처음 나타난다. 『라이프니츠와 볼프의 시대 이래로 독일에서 형이상학이 일궈낸 진정한 진보는 무엇인가?』(1804)를 위한 '낱장 문서들'Lose Blätter에서, 칸트는 "철학에 대한 철학적 역사"의 가능성에 대해 묻는다. 칸트는 이렇게 쓴다. 그런 역사는 "그 자체로는 역사적으로나 경험적으로나 가능하지 않다. 하지만 오로지 이성적으로만, 다시 말해 선험적으로만 가능하다. 만일 그런 역사가 이성의 사실들facta을 제시한다면, 그것은 그 사실들을 역사적 서사에서 따올 수는 없고, 철학적 고고학으로서als philosophische Archäologie 인간 이성의 본성으로부터 끌어내야만 한다."[1] 그런 고고학에 내포된 역설은 다음과 같다. 철학자들이 "세계의 사물들의 기원, 목적, 종말에 관해 궤변을 늘어놓던"[2] 대상, 즉 "여기저기서 우연히 터져 나온 의견들Meynungen"의 역사만이 문제일 수 없는 때, 그 역사는 시작을 잃고서 "일어나지 않은 것들의 역사"[3]를 제안할 위험이 있다.

칸트의 노트들은 여러 차례 이 역설로 되돌아온다. "우리는 일어나지 않은 것들의 역사를 쓸 수는 없다. 그런 역사에 대해 우리는 그저 준비 자료만 내놓을 수 있을 뿐이다."4) "모든 역사 인식은 경험적이다. …… 그래서 철학의 역사 표상은 어떻게, 어떤 순서로 우리가 철학을 했는지를 이야기해준다. 하지만 철학 행위는 인간 이성의 점진적 발전이며, 이는 경험적으로 어떤 선례도 가질 수 없었으며 순전히 개념들만 갖고 시작했을 수도 없다."5) "철학의 역사는 아주 특수한 종류의 것인지라 거기서 우리는 일어났어야 할 것이나 일어날 수 있었을 것이 무엇인지를 먼저 알지 않고서는 일어난 것에 대해서 아무 말도 할 수 없다."6)

칸트가 '철학적 고고학'이라 부르는 이 학문이 지닌 매우 특별한 성격을 고찰해보자. 그 학문은 하나의 '역사'로서 제시되며, 그러니만큼 그것의 기원에 관해 묻지 않을 수 없다. 하지만 그것은 이른바 선험적 역사(그것의 대상은 인간성의 목적 자체, 즉 이성의 발전 및 실행과 일치한다)이기에, 그것이 찾는 아르케는 결코 연대기상의 소여와 같을 수 없으며 '의고적'일 수도 없다. 게다가 철학은 있었던 것만을 상대하거나 있었던 것을 그렇게 많이 상대하지는 않고, 있었어야 할 것과 있을 수 있었을 것도 상대하기 때문에, 그것 자체는 결국 어떤 의미에서 아직 생기지 않았던 어떤 것이 된다. 철학의 역사는 "일어나지 않은 것들에 대한 역사"와 같다.

그래서 칸트는 "모든 철학자는 자신의 저작을 이른바 다른 저작의 폐허 위에$^{auf\ den\ Trümmern}$ 구축한다"라고, "철학은 그것이 아직 출현하지 않았다는 단순한 사실로 인해 배울 수 있을 어떤 것이 아니"라고 『논리학』에 적고 있다.[7] 바로 이런 뜻에서 고고학은 폐허들에 관한 학, '폐허학'으로서, 그것의 대상은 고유한 의미의 초월론적 원리를 구축하지는 않더라도 실로 완전히 경험적인 현재로서 결코 주어질 수 없다. 아르케들은 일어날 수 있었거나 일어나야 했을 것, 그리고 어쩌면 언젠가 일어날 수 있을 것이지만 당장에는 부분 대상 또는 폐허의 상태로만 존재하는 것이다. 현실에 존재하지 않는 철학자들처럼, 아르케들은 원상$^{原象/Urbilder}$, 원형 또는 기원의 이미지로서만 제시된다. "원형은 도달할 수 없어야만 원형으로 머물 수 있다. 그것은 오로지 방향을 가리키기 위한 지침^{Richtschnur} 역할을 해야 한다."[8]

2. 모든 진정한 역사적 실천의 핵심에 놓인 이질발생성에 대한 관념, 그런 실천이 조사하는 아르케와 사실상의 기원 사이에 놓인 구성적 간극에 대한 관념이 미셸 푸코가 1971년에 출간한 「니체, 계보학, 역사」라는 논문의 근저에 있다. 그 논문의 전략은 대번에 명백하다. 프리드리히 니체에게서 그 모델을 찾아낸 계보학을 기원에 대한 여하한 탐구에 맞세우기. 이런 전망에서 역사와 동맹을 모색하는 것도 유익할 수 있다. "계보학은

······ 역사에 맞서지 않는다. 계보학은 오히려 이상적인 의미 작용들과 불분명한 목적론들의 메타역사적 전개에 맞선다. 그것은 '기원들'에 대한 탐구에 맞서는 것이다."[9] 이런 목적으로 푸코는 니체가 사용한 용어들 중에서 Ursprung(푸코는 이 용어를 거리를 둬야 하는 혐오의 대상으로서 '기원'을 가리킬 때만 쓴다)과 "Ursprung보다 계보학의 고유한 대상을 더 잘 가리키는"[10] 두 용어들을 구별한다. 하나는 푸코가 'provenance'로 옮기는 유래^{Herkunft}이고, 다른 하나는 'point de surgissement'으로 옮기는 발생^{Entstehung}이다. 니체가 기원에 대한 탐구를 거부한다면, 그것은 Ursprung이

사물의 정확한 본질, 그것의 가장 순수한 가능성, 조심스레 자기 위에 포개져 있는 그것의 정체성, 그리고 외부의, 우연적이며, 후속적인 모든 것에 앞서고 부동하는 그것의 형태를 가리키는 탓이다. 그런 기원을 탐구한다는 것은 '이미 있었던 것,' 자기에게 딱 들어맞는 이미지의 '바로 그것'을 되찾으려 애쓰는 것이요, 일어날 수 있었던 모든 우여곡절, 모든 술책과 모든 눈속임을 부차적인 것으로 치부하는 것이요, 가면들을 모두 벗겨 결국 원래의 정체성을 폭로하려고 시도하는 것이다.[11]

계보학자는 바로 이런 관념과 전쟁을 치른다. 계보학자는 시작 같은 어떤 것을 구해서는 안 된다. 계보학자가 "사물들의

역사적 시작에서" 찾아내는 것은 "사물들의 기원에 보존된 정체성" 따위가 아니다.[12]

따라서 가치, 도덕, 금욕주의, 인식의 계보학을 하는 것은 역사의 모든 에피소드를 접근 불가능한 것인 양 무시한 채 그 '기원'을 찾아나서는 것이 결코 아닐 것이다. 반대로 그것은 시작에 놓인 소소한 것과 우연에 마음을 기울이는 것일 터. …… 계보학자는 기원에 대한 망상을 푸닥거리하기 위해 역사를 필요로 한다.[13]

우리가 scongiurare로 옮긴 프랑스어 '푸닥거리하다'conjurer 안에는 반대되는 두 뜻이 합쳐져 있다. '불러내다'와 '내쫓다.' 하지만 어쩌면 두 뜻은 반대되지 않을 수도 있다. 어떤 것(유령, 악마, 위험)을 푸닥거리하려면 먼저 그것을 불러내야 하니 말이다. 아무튼 계보학자와 역사가 사이의 동맹이 갖는 모든 의미는 이 '불러냄-내쫓음'에 있다. 몇 년 뒤인 1977년의 인터뷰에서 [푸코는] 동일한 제스처로 계보학과 주체가 맺는 관계를 정의한다. 우리는 역사의 씨실 속에서 주체의 구성을 설명할 수 있어야만 주체를 완전히 청산할 수 있다는 것이다.

구성하는 주체를 청산하기 위해서는 주체 자체를 청산해야 합니다. 다시 말해 역사의 씨실 속에서 주체의 구성을 설명할 수 있는 분석에 도달해야 하는 것이지요. 그것이 내가 계보학이라고 부르려는 것입니다. 주체를 참조하지 않고 지식, 담론, 대상의 영역 등의 구성을 설명하는 역사 형태인 것이죠.[14]

계보학에서 문제가 되는 조작은 기원과 주체를 불러내고 제거하는 것이다. 하지만 무엇이 그것들의 자리를 대체하러 올까? 정말이지 지식, 담론, 대상의 영역이 구성됐던 순간 같은 어떤 것으로 항상 거슬러 올라가는 것이 중요하다. 하지만 이 '구성'은 말하자면 기원의 비-장소에서 일어난다. '유래'와 '발생'이 결코 기원의 위치에 있지 않고 있을 수도 없다면, 그것들은 어디에 위치할까?

3. 모든 역사 연구에서 이질발생적인 언저리나 지층(연대기상으로 기원의 위치에 있지 않고 질적으로 다른 것으로서 있는 것)을 식별하는 것은 사실 니체가 아니라 아마도 니체의 가장 명석하며 충실한 친구였던 한 신학자에 의해서 이뤄졌을 것이다. 프란츠 오버벡이 바로 그이다. 오버벡은 모든 역사 연구가 반드시 씨름해야 하는 이 차원을 '선사'Urgeschichte라 부른다. 이는 비단 교회사에만 해당되지 않는다.

선사와 역사의 본질적 차이에서부터 출발해야만 우리는 왜 선사가 그렇게 각별한 고려 대상인지 설명할 수 있다. 선사는 사실 모든 다른 역사보다 중요하고 결정적인 역사인데, 이는 비단 교회사에서만이 아니라 절대적인 방식으로 그러하다. 발생사Entstehungsgeschichte는 모든 생명체의 역사에서, 일반적으로 생명에서 독보적이다.15)

오버벡에 따르면, 이는 모든 역사 현상이 반드시 선사와 역사Geschichte(그 둘은 연결되어 있지만 동질적이지는 않고 상이한 방법론과 취급을 요한다)로 갈라진다는 뜻이다. 선사는 단순히 연대기상 더 오래된 것과 일치하지 않는다.

선사의 근본적인 성격은 발생사에서 유래하는 것이지 그 이름에서 떠올리기 십상인 가장 오래된uralt 것에서 유래한 것이 아니다. 반대로 선사는 가장 새로운 것일 수 있다. 새로운지 낡은지는 어떤 경우에도 선사에 본래적으로 속하는 성질은 아니다. 시간과 맺는 관계가 일반적으로 역사에 속하지 않는 것과 마찬가지로 그 성질은 그 자체로 지각되지 않는다. 외려 역사의 소관이 되는 시간과 맺는 관계는 관찰자의 주관성을 통해서만 역사에 귀속된다. 역사 일반과 마찬가지로 선사는 시간 속의 어느 특정 지점과 연결되어 있지 않다.16)

언뜻 보면 선사의 이질발생성에는 객관적인 토대가 있다. 왜냐하면 "역사는 유적이 이해 가능해지는 곳에서, 그리고 우리가 신뢰할 만한 서면 증언을 입수할 때에만 시작"되는데, 바로 "그 뒤나 그 앞에 선사가 존재"[17]하기 때문이다. 그렇지만 사실 관건은 객관적 정보가 아니라 역사 연구 자체에 내재한 구성적 이질발생성이며, 우리는 매번 이른바 특수한 유형의 과거와 대면해야 한다. 오버벡은 한 치의 의심도 없이 곧바로 이 점을 다음과 같이 명시한다. "선사 역시 과거와 상대하지만 특별한 의미의 과거와 그렇게 한다." 특별한 의미의 과거와 관련해 "모든 전통 위에 드리워진 베일이 투과할 수 없을 정도로 두터워진다."[18] 이미 『교부 문헌의 시작에 관하여』(1882)에서, 오버벡은 그런 의미에서 그리스도교 원문헌christliche Urliteratur과 원그리스도교 문헌urchristliche Literatur을 구별했다. 또한 자신의 유고작에서는 이렇게 명시한다. "원문헌의 과거는 단순과거가 아니라 가중된 과거 혹은 제곱한 과거(대과거Mehr-als-Vergangenheit 또는 초과거Übervergangenheit)이다. 거기에는 과거가 전혀 없거나 거의 없다."[19]

사실을 말하자면 역사와 선사는 기원에서는 연결되어 있지만 어느 순간 돌이킬 수 없이 갈라진다.

모든 유기체의 역사에는 그 유기체를 세계에서 분리하는 경계들이 다시 자리를 옮길 수 없는 순간이 온다. 그러면 선사 또는 발생사는 역사에서 분리된다. 그리하여 이 순간과 죽음 사이의 닮음이 나타난다. 그리고 일반적 의미의 모든 역사에서

몰락사^{Verfallsgeschichte}의 외양이 수월하게 자리잡는다. 그 닮음은 선사가 만들었던 요소들의 연결을 재차 끊는다. …… 그 결과 만일 생명과 역사적 효력을 지닌 사물들에서 우리가 그것들의 선사 시대와 역사 시대를 구별해야 한다면, 그것들의 역사적 효력의 토대를 놓는 것은 바로 선사이다.[20]

선사와 역사는 연결되어 있으면서도 구분된다. 뿐만 아니라 현상의 역사적 효력 자체도 이 구분과 이어져 있다.

역사에서 우리가 분리된 것으로 간주하곤 하는 요소들은 선사에서 무매개적으로 합치되며, 그것들의 생생한 통일 속에서만 나타난다. 책을 예로 들어보자. 선사에서 책은

책과 그 저자의 그 자체로 완수된 통일처럼 작동한다. …… 책을 진지하게 대한다는 것은, 그 순간 책 말고는 그 저자에 대해 다른 어떤 것도 알지 못한다는 뜻이다. 책의 역사적 효력은 이 통일에 바탕을 두고 있다. 하지만 이 효력은 실효성을 발휘하는 도중에 사라진다. 결국 책만 홀로 살아남을 때까지. 책에 더는 그 저자가 없을 때까지. 그것이 문헌사의 시간인 바, 그것의 근본 주제는 이제 홀로 생명을 부지한 책들의 저자에 대해 고찰하는 것이다. …… 이 단계에 이르면 책은 …… 그 저자로부터 분리되어 작동하고, 종국에 모든 효력을 소진시킬 과정이 시작된다.[21]

4. 역사를 연구하려는 자라면 누구든 역사적 조사에 내재하는 이 구성적 이질발생성과 언젠가 씨름해야 한다. 그런 자는 전통 비판과 원전 비평의 형태로 그 일을 한다. 이는 그에게 특별한 예비 작업을 요한다. 비판은 특별히 오래된 과거에만 연관된 것이 아니라 먼저 전통 속에서 그 과거가 구축된 방식과 연관된다. 교부 관련 원전들을 오랫동안 연구했던 오버벡은 이 점을 완벽히 의식하고 있었다.

> 전통 없이는 역사도 없다. 그런 의미에서 모든 역사에 하나의 전통이 따라붙는다면, 이는 …… 전통이라 불리는 것이 항상 같은 것으로 남아 있다는 말이 아니다. …… 역사를 쓰는 자는 전통 비판이라는 끈질긴 사전 작업을 통해서만 역사를 설명하는 데 이를 수 있다. 역사서술이 이 비판을 전제하며, 비판이 요구하는 자율이 정당화되는 한에서 각 시대를 뒤로 거슬러 그것의 전통에까지 이르러야 한다는 요청이 근거를 갖게 된다. 선사의 전통의 성격이 각각의 다른 시대의 전통에 앞서 규정되는 것은 아닌지 자문하는 것은 당연하다.[22]

전통 비판과 원전 비평이 상대하는 것은 메타역사적 시작이 아니라 역사 연구의 구조 자체이다. 이런 의미에서 마르틴 하이데거가 『존재와 시간』의 6절에서 '전통의 파괴'에 할애한 구절을 다시 읽어야 한다. 거기서 우리는 오버벡의 사유의 울림을 감지할 수 있다. 거기서 세공된 '역사'^{Historie}와 '역사성'^{Geschichtlichkeit}을 나누는 유명한 구분은 형이상학과 하등 상관이 없으며 단순히 객체와 주체의 대립도 함축하지 않는다. 그 구분을 이해하려면 우리는 그 구분을 그것이 쓰인 맥락으로 돌려보내야 한다. 전통과 원전 비평의 구분이라는 바로 그 맥락으로 말이다.

지배적 전통은 그 전통이 '전승하는' 것을 우선 대개 접근할 수 있게 하기는커녕 도리어 은폐한다. 전통은 전승된 것을 자명성에 맡기며, 거기에서부터 전승된 범주들과 개념들이 부분적으로는 진정한 방식으로 길어내어지는 그 근원적인 '원전들'^{Quellen}로 가는 통로를 막아버린다. 전통은 심지어는 그런 유래 자체를 망각하게끔 만든다. 전통은 그런 소급의 필요성을 이해하는 것조차 불필요하게 만든다.[23]

'전통의 파괴'는 이 경직된 전통과 대결해야 하며 그럼으로써 "과거로 소급하는 것"$^{Rückgang\ zur\ Vergangenheit[24]}$을 가능하게 만들어야 한다. 과거로의 소급은 원전에 다시 접근할 수 있게 만드는 것과 일치한다.

오버벡은 전통이 원전에 대한 접근을 가로막을 때 쓰는 장치를 '정전화'^{正典化}라고 부른다.[25] 이는 초기 그리스도교 문헌에 대해서는 특히 참이다. 물론 원전에 대한 접근을 봉쇄하거나 통제하는 다른 방식들도 있다. 근대 문화에서 그런 방식 중 하나는 지식을 통해 이뤄졌다. 경전 편찬 방식을 규정하고 규제함으로써 원전에 대한 접근을 하나의 특별한 전통, 즉 성서 사본 전통에 관한 학문으로 변형하는 지식 말이다. 문헌학이 이 전통에 필요하고 유익한 비평을 수행하더라도 문헌학은 그것이 만들어낸 비평판에 사실상^{ipso facto} 그것의 원전으로서의 성격을 부여할 수도, 그것을 발생지점으로 구성할 수도 없다. [사본들 사이의] 원형을 넘어 자필 원고에까지 거슬러갈 수 있는 경우라 해도 한 텍스트의 원전으로서의 성격, 다시 말해 그것의 선사에 접근하기 위해서는 사후 작업이 필요하다. 실제로 발생지점으로 이해된 원전은 사본 전통의 문서들과 일치하지 않는다. 비록 이 전통에 대한 직접적인 분석을 거치지 않고는 원전에 접근하는 것이 명백히 불가능하다 해도 말이다. 게다가 그 반대도 참이 아니다. 우리는 발생지점으로 이해된 원전에 접근하지 않고는 사본 전통에 접근할 수 없다(통용되는 문헌학 작업에 다소 익숙한 자라면 그것이 오히려 규칙이며, 사본 전통에서 선사로 거슬러 올라가는 것 —— 이는 이 전통에 대한 인식을 일신하는 능력을 전제로 한다 —— 은 예외임을 알 것이다).

전통 비판 및 정전 비평 문제와 씨름하는 연구자는 어디로 거슬러 올라가는 것인가? 확실히 이 문제는 순전히 문헌학적인 것은 아니다. 필요한 문헌학적 예비 작업도 우리가 선사와 발생을 상대할 때 복잡해지기 때문이다. 원전에 접근해야 하는 역사적 주체 자체를 의문시하지 않고서, 전통 너머의 원전에 새롭게 접근할 수는 없는 법이다. 따라서 문제가 되는 것은 연구의 인식론적 패러다임 자체이다.

모든 역사 연구에서 기원이 아니라 현상의 발생지점과 상대하며, 그리하여 원전 및 전통과 새로이 대결하는 실천을 우리는 잠정적으로 '고고학'이라고 부를 수 있겠다. 고고학이 전통과 씨름하기 위해서는 패러다임, 기술, 실천(그것들을 통해 전통은 전승 절차를 규제하고, 원전에 접근할 수 있는 조건을 규정하며, 궁극적으로 인식 주체의 지위 자체를 결정한다)을 해체하지 않을 수 없다. 여기서 발생지점은 객체적인 동시에 주체적이며, 오히려 객체와 주체를 결정할 수 없는 문턱에 위치한다. 이 문턱은 사태를 출현시킬 때면 동시에 인식 주체도 출현시키지 않을 수 없다. 다시 말해, 기원에 대한 작업은 동시에 주체에 대한 작업이다.

5. 우리에게 익숙한 역사적 분열을 거슬러 통일된 선사적(혹은 어쨌든 더 기원적인) 단계를 전제할 때마다 대단히 신중해야 한다. 예컨대 종교 영역과 세속적인 사법 영역의 분할이 있을 때, 양자의 구분된 성격은 우리에게 적어도 어느 정도 명확해 보인다. 만일 우리가 이 영역들 중 어느 하나에서 더 의고적인 단계에 도달한다면, 우리는 자주 그 단계 너머에 더 이전 단계, 즉 성聖의 영역과 속俗의 영역이 아직 구별되지 않던 단계가 있

었다고 전제하기 쉽다. 이런 의미에서 가장 오래된 희랍의 법을 연구했던 루이 제르네는 법과 종교가 식별되지 않았던 기원적 단계를 '선법'先法/pré-droit이라고 불렀다. 비슷한 방식으로 파올로 프로디는 서약誓約의 정치사를 연구하면서 종교와 정치의 분리 과정이 아직 시작되지 않았던 "원초적 비구분 상태"[26]를 언급했다. 위 두 어느 경우에서든, 우리에게 알려진, 당연히 분열의 결과인 종교 영역과 세속적인 영역을 규정하는 성격들을 전제된 "원초적 비구분 상태"로 간단히 투사하지 않도록 조심하는 것이 매우 중요하다. 화합물은 그것을 구성하는 원소들의 총합으로 환원할 수 없는 특정한 성질을 갖는다. 마찬가지로 역사적 분할 이전에 있는 것이 꼭 그것의 단편들을 규정하는 성격들의 총합인 것은 아니다. 선법(그런 가설이 의미가 있다고 가정할 경우)은 단지 더 시원적인 법일 수는 없다. 마찬가지로 우리가 역사적으로 알고 있는 종교 이전에 단지 더 원시적인 종교가 있는 것도 아니다. 거꾸로 '종교'와 '법' 같은 용어들을 피하고 어떤 x를 상상하려 애쓰는 것이 나을 것이다. 그 x를 정의하기 위해서 우리는 가능한 모든 신중함/예비 작업을 동원해야 하며, 일종의 고고학적 에포케epoché를 실행해야 한다. 그것은 이 x에 우리가 종교와 법에 으레 연관시키는 술어들을 귀속시키기를 (적어도 잠정적으로) 중단하는 것이다. 이런 뜻에서 선사는 역사와 동질적이지 않으며, 발생지점은 그것을 통해서 존재하게 된 것과 동일하지 않다.

6. 1973년에 『신화와 서사시』 3권의 서론에서, 조르주 뒤메질은 당시 인정받고 있던 구조주의와 논쟁하며 자기 자신만의 연구 방법을 정의하려고 했다. 뒤메질은 과감하게 자신의 방법을 '역사적'이라고 규정했다.

> 나는 구조주의자가 아니며, 구조주의자가 될 이유도 없고 되지 않을 이유도 없다. 내 노력은 철학자의 것이 아니라 역사가의 것이길 바란다. 가장 오랜 역사를, 우리가 마땅히 도달하려 애쓸 수 있는 초역사의 언저리de la plus vieille histoire et de la frange d'ultra-histoire를 탐구하는 역사가의 것이길 말이다. 다시 말해 내 노력은 우리가 유전적으로 동족이라고 알고 있는 영역들에 대한 일차 정보들을 관찰하고 나서 이 몇몇 일차 정보들을 비교함으로써 그것들에 공통된 본형인 이차 정보들로 거슬러 올라가는 데 한정된다.27)

뒤메질이 쉬이 인정하듯이, 이 방법은 인도-유럽어 비교문법학에서 유래한 것이다.

> '뒤메질 이론'이라고 불리는 것을 나는 어쩌다 보게 되는데, 그것은 완전히 다음의 것으로 이뤄진다. 인도-유럽어족이 한때 존재했음을 상기시킬 것. 언어학자들을 좇아서, 부분적으로나마 [인도-유럽어족의] 계승자들인 민족들의 가장 오랜 전

통들을 비교함으로써 그들의 이데올로기의 큰 줄기를 어렴풋이 볼 수 있어야 한다고 생각할 것.[28]

여기서 역사가가 도달하려 하는 "초역사의 언저리"의 정합성은 인도-유럽어가 있었고 그것을 말하던 민족이 존재했다는 사실과 맞물려 있다. 그 정합성은 인도-유럽어의 어형(예를 들면 *deiwos나 *med 같은 어형인데, 언어학자들은 역사상의 언어에서 입증된 단어들과 구별하기 위해 그것 앞에 별표를 붙이곤 한다)이 있다는 의미에서, 그리고 그런 형태가 있는 한 존재한다. 하지만 이 각각의 어형들은 엄밀히 말하자면 역사상의 언어에서 발견되는 기존 어형들 사이의 대응 체계를 표현하는 알고리듬에 지나지 않는다. 앙투안 메이예의 말을 빌자면 우리가 인도-유럽어라고 부르는 것은 "x의 시대에 x의 장소에서 x의 인간들이 말한 x라는 언어를 전제하는 …… 대응 체계들 전체"로서, 여기서 x는 그저 '미지의 것'을 뜻할 뿐이다.[29] 원사료를 지어내는 역사 연구의 괴물monstrum을 정당화할 셈이 아니라면, 우리는 역사적으로 일어났다고 가정되는 사건들을 인도-유럽어로부터 추정할 수는 없다. 그렇기 때문에 뒤메질의 방법은 19세기 말의 비교신화학에 비해 유의미한 진전을 이뤄냈다. 1950년 경 뒤메질은 다음의 사실을 인정했다. 세 가지 기능들(사제, 군인, 양치기 혹은 현대어로 하면 종교, 전쟁, 경제)의 이데올로기는 "한 사회의 존속 기간 동안 세 카스트라는 '인도식' 모델을 따라 이 사회가 **실제로** 삼분할됐음을 반드시 수반하지는 않는다." 그것은 차라리 하나의 "이데올로기," 그러니까 "세상의 흐름과 사람들의 삶을 규제하는 힘들을 분석하고 해석하는 하나의 이념인 동시에 방식이다."[30]

고고학자가 도달하려고 하는 "가장 오랜 역사," "초역사의 언저리"란 연대기에, 먼 과거에 위치를 정할 수 있는 것이 아니다. 또한 이 연대기를 넘어 시간을 초월한 메타역사적 구조 속에(예를 들어 뒤메질이 반어적으로 표현하는 호미니데[사람상과]^{Hominidae}의 신경 체계 속에) 위치시킬 수 있는 것도 아니다. 인도-유럽어 단어처럼 그것은 역사상의 언어 속에 현존하면서 작동하는 경향을 표상하며, 시간 속에서 발전하는 언어를 조건짓고 이해 가능하게 만들어준다. 바로 그것이 아르케이다. 그렇지만 니체와 푸코에게 있어서 아르케는 과거로 통시적으로 떠밀린 것이 아니라 그 체계의 일관성과 공시적 이해 가능성을 보장해주는 것이다.

7. '고고학'이라는 용어는 푸코의 연구들과 연결되어 있다. 그것은 이미 『말과 사물』 서문에 눈에 띄지 않지만 결정적인 방식으로 등장한 바 있다. 거기서 고고학은 "그 용어의 전통적 의미에서" 역사와 달리 패러다임적이면서 초월론적인 차원, 즉 일종의 '역사적 선험'(거기에 지식과 인식 가능성의 조건이 있다)에 대한 연구로 제시된다. 이 차원은 에피스테메, 즉 "합

리적 가치나 객관적 형태들을 참조하는 모든 기준 바깥에 있는 것으로 간주된 인식들이 자신들의 실증성을 깨트리고, 자신들이 점차 완벽해지는 역사가 아니라 자신들의 가능성의 조건들의 역사를 현시하게 되는 인식론적 장"[31]이다. 푸코가 명시하듯이, 사상사나 과학사가 중요한 것이 아니라 담론 형성체, 지식, 실천의 역사를 흐름을 거슬러 올라가면서 다음의 것들을 발견하기 위해 애쓰는 연구가 중요하다.

무엇으로부터 인식과 이론이 가능했는가, 어떤 질서의 공간에 따라 지식이 구성됐는가, 역사상의 어떤 선험적 여건을 바탕으로, 어떤 실증성의 요소 속에서 사상이 출현하고 과학이 구성되고 경험이 철학에 반영되고 합리성이 형성되고는 아마 오래지 않아서일 터이지만 뒤이어 해체되고 사라질 수 있었는가.[32]

잠시 '역사적 선험'이라는 모순어법에 주목해보자. 그 표현이 강조하려고 하는 것은 1971년 논문「니체, 계보학, 역사」에서와 마찬가지로 여기서도 메타역사적 기원, 즉 지식의 토대를 놓고 결정하는 일종의 기원적 소여所與가 더는 관건이 아니라는 사실이다. 3년 뒤『지식의 고고학』에서 명시되듯이, 에피스테메란 그 자체로 하나의 역사적 실천, "주어진 시기에 우리가 담론 규칙성의 수준에서 과학들을 분석할 때 그것들 사이에서 발견할 수 있는" 관계들의 전체이다.33) 인식 가능성의 조건을 마련하는 선험은 특수한 수준에서 포착된 그 인식들의 역사 자체이다. 이 수준은 그 인식들이 단적으로 존재한다는 존재론적 수준, 어떤 시간에 어떤 방식으로 그것들이 주어진 다는 '있는 그대로의 사실'이다. 혹은 니체에 대한 논문의 용어 법을 빌리자면, 그 인식들의 '발생지점'(오버벡의 용어로는 그 것들의 '선사')의 존재론적 수준이다. 그런데 어떻게 선험이 역 사적으로 출현하고 존재할 수 있을까? 그리고 어떤 방식으로 선험에 접근할 수 있을까?

'역사적 선험'이라는 관념은 칸트의 철학적 고고학보다는 십중팔구 마르셀 모스에게서 유래한 것이다. 모스는 『주술의 일반 이론에 대한 개요』(1902~03)에서 마나^{mana}라는 개념에 대해 다음과 같이 적고 있다. 마나란 "주술 실험의 조건 자체 요," "모든 경험에 앞서 선험적으로 주어진다. 정확히 말하자 면 마나는 공감, 영靈, 주술적 성질들 같은 주술의 표상이 아니 다. 마나는 주술적 표상들을 좌우하는, 그것들의 조건이자 필 수적인 형태이다. 마나는 하나의 범주처럼 기능한다. 범주들이 인간의 관념들을 가능케 하듯이 마나는 주술적 관념들을 가능 케 한다."34) 중대한 발전을 이뤄 모스는 이 역사적 초월을 "지 성의 무의식적 범주"라고 정의한다.35) 모스는 이런 식으로 그 런 인식이 요구하는 인식론 모델은 의식적인 역사 지식의 인 식론 모델과는 하등 동질적일 수 없음을 넌지시 시사한다. 그렇지만 푸코에게 그랬듯이 모스에게 있어서도 선험은 역사 경험의 조건을 마련하면서도 그 자체로는 역사적으로 결정된 성좌 안에 기입된다. 모스는 역사 속에 기입된 선험적 조건의 역설을 깨닫게 해준다. 역사적 선험은 역사와 관련해 후험적으로만ª posteriori 구성될 수 있을 뿐이며, 탐구(푸코의 경우, 고고학)는 역사 속에서 그것을 발견해야만 한다.

8. 푸코는 역사적 선험 개념이 전제할 법한 특수한 시간 구조에 대해 묻지는 않았다. 하지만 여기서 문제가 되는 과거는 오버벡의 '선사'와 뒤메질의 '초역사의 언저리'처럼 특별한 유형의 과거이다. 그것은 기원마냥 연대기적으로 현재보다 앞서 있는 것이 아니요, 그저 현재 바깥에 있는 것도 아니다(이런 뜻에서 오버벡의 표현에 따르면, 그것은 "과거를 전혀 혹은 거의" 포함하지 않는다). 앙리 베르그손은 데자뷔déjà vu에 관한 논문에서 추억이 지각 뒤에 오지 않고 그것에 동시적이며, 의식의 주의가 조금만 느슨해져도 '거짓 재인식'이 생겨날 수 있다는 테제를 제출한 바 있다. 베르그손은 겉보기에만 역설적인 표현을 써서 그것을 "현재의 추억"이라고 정의했다. "그런 추억은 형상은 과거에 속하지만 질료는 현재에 속한다"고 베르그손은 적고 있다.36) 더욱이 지각이 현실에 대응하고, 추억 이미지가 잠재에 대응한다면, 잠재는 또한 베르그손 말대로 필연적으로 실재와 동시적이어야 할 것이다.

이와 동일한 의미에서, 고고학이 도달하려 애쓰는 역사적 선험에서 문제가 되는 가능성의 조건이란 실재 및 현재와 동시적일 뿐 아니라 그것들에 내재적이며, 내재적인 채 머문다. 독특한 제스처로 그런 선험을 추적하는 고고학자는 이른바 현재를 향해 물러난다. 이는 마치 고고학의 관점이나 발생지점에서 고찰할 때 모든 역사 현상이 그것 안에서 이전과 이후로, 선사와 역사로, 원전의 역사와 역사적 전통으로 갈라지는 균열을 따라 나뉘는 것과 같다. 그렇게 나뉜 것들은 발생지점에서는 일순간 일치한다는 점에서 참으로 동시적이다. 벤야민이 염두에 둔 것도 이런 종류의 것인 것 같다. 벤야민은 오버벡의 궤적을 따라 역사적 대상의 모나드론적 구조에는 그것의 선사만큼이나 후사도Vor- und Nachgeschichte 포함되어 있다고 썼다. 벤야민은 "역사의 복원"historischen Apokatastasis의 순간에는 과거 전체가 현재 안에 담겨야 한다고 시사했다37)(복원이란 오리게네스에 따르면 시간들이 종말을 고할 때 일어나는 기원으로 회복하기이다. 종말론적인 현실을 '역사적'이라고 규정함으로써 벤야민은 푸코의 '역사적 선험'과 대단히 유사한 이미지를 쓰고 있다).

9. 푸코의 고고학의 철학적 중요성을 아주 일찍부터 포착했고 그 구조를 발전시키고 명시하려 했던 것은 엔조 메란드리의 공적이다. 메란드리는 이렇게 지적한다. 한 문화의 코드들과 근본 모체들을 설명하기 위해 일종의 신비한 설명력을 갖

고 있다고 여겨지는 상위 질서의 다른 코드의 힘을 빌리는 것이 통례이지만(이것이 '기원'의 모델이다), 푸코와 더불어 "고고학적 탐구는 그 절차를 뒤집고, 나아가 현상에 대한 설명을 그에 대한 묘사에 내재적인 것으로 만들겠다고 나선다."[38] 이는 메타언어를 단호히 거부하는 것이요, "내용에 형식, 규칙, 규범을 부여하는 기능을 하는, 구체적인 동시에 초월적인, 패러다임적 모체"[39]에 의지하는 것을 함축한다(이것이 '역사적 선험'의 모델이다). 메란드리는 이 내재적 모체를 분석하려고 애쓰며, 그것을 의식과 무의식 사이의 프로이트적 대립과 관련해 위치시킨다. 이미 폴 리쾨르는 프로이트의 사유에서 과거와 의고적인 것에 우위가 돌아가는 것과 관련해 '주체의 고고학'을 말한 바 있다. 프로이트의 분석은 의식의 이차 과정이 항상 욕망과 무의식의 일차 과정에 뒤쳐진다는 사실을 보여준다. 꿈이 추구하는 욕망의 실현은 필연적으로 퇴행적이다. 왜냐하면 욕망의 실현은 유아기 장면의 '파괴할 수 없는 욕망'을 본떠서 형성되기 때문이다. 욕망은 유아기의 장면을 대체한다. 그래서 리쾨르는 이렇게 적는다.

꿈이 증인인 동시에 모형이 되는 퇴행은 억압이라는 부적절한 형태가 아니고서는 이 대체를 전적으로 완전히 해낼 수 없음을 증명한다. 억압은 지연되며 늘 유아기, 파괴할 수 없는 것의 먹이가 되기 마련인 정신 현상의 일상 체제이다.[40]

리쾨르에 따르면, 프로이트의 메타심리학적 저작들에는 엄밀한 의미의 고고학 외에 '일반화된 고고학'도 있다. 그것은 문명에 대한 정신분석학적 해석과 관련된다.

프로이트주의의 천재성은 합리화, 이상화, 승화 아래에 있는 쾌락원칙의 전략, 인간의 의고적 형태를 폭로했다는 것이다. 여기서 분석의 기능은 겉보기에 새로운 것을 옛것의 재생으로 환원하는데 있다. 대체된 만족, 잃어버린 옛 대상의 복원, 초기 환상에서 비롯된 파생물[에 이르기까지], 새것의 특색 아래 옛것이 복원되는 사태를 가리키는 다양한 이름들이 있다.[41]

메란드리의 고고학 개념은 이와 전혀 다르다. 푸코와 마찬가지로 출발점은 니체에게 있다. 특히『반시대적 고찰』제2편의 '비판적 역사' 개념이 그런데, 그것은 과거를 비판하고 파괴함으로써 삶을 가능케 하는 역사이다. 메란드리는 이 개념을 비상한 수완tour de force을 발휘해 프로이트의 퇴행 개념과 연결하면서 일반화한다.

그것[비판적 역사]은 그것이 다루는 사건들의 실제 계보를 역방향으로 훑어봐야 한다. 역사서술(일어난 일들의 기록historia rerum gestarum)과 실제 역사(일어난 일들res gestae) 사이에 정립된 분할은 프로이트의 말대로 의식과 무의식 사이에 늘 잔존하는 분할과 대단히 비슷하다. 또한 비판적 역사는 역사적으로 '억압된 것'으로 이해된 무의식을 되찾고자 하는 치료의 기능을 갖는다. 사람들이 말했듯이 리쾨르와 푸코는 이 절차를 '고고학적'이라고 부른다. 그것은 문제가 되는 현상이 의식과 무의식으로 분기되기 이전 단계에 도달할 때까지 계보학을 거슬러 올라가는 것이다. 우리가 그 지점에 도달하는 데 성공할 때에만 병리학적 징후가 그것의 실제 의미를 드러낸다. 따라서 **퇴행**이 중요하다. 무의식 자체로 퇴행하는 것이 아니라, 억압된 것의 동학의 의미에서 무의식을 무의식으로 만들었던 것으로 퇴행하는 것이 중요하다.[42]

리쾨르가 이미 고고학과 퇴행을 연결한 바 있으나, 메란드리는 이 아주 압축적인 구절에서 그것의 기호를 근본적으로 뒤집고 있다. 최초의 유아기 장면을 넘어서지 못하는 퇴행에 대한 비판적 시각이 여기서는 의식과 무의식의 분열 이전의 단계로 퇴행하면서 거슬러 올라갈 수 있는 고고학의 거의 구원적인 시각에 자리를 내어주는 것이다. 그러나 (과거에서 무의식과 망각된 것에 다다르려 하지 않고 의식과 무의식, 역사서술과 역사 사이의, 그리고 더 일반적으로 말하면 우리 문화의 논리를 규정하는 모든 이항 대립 사이의 이분법이 만들어진 지점으로 거슬러 올라가는) 이 독특한 '고고학적 퇴행'을 우리는 어떻게 이해할 것인가? 억압됐던 것과 증상의 형태로 표면에 떠오르는 것을 단지 통속적인 정신분석 모델을 따라 의식으로 운반하는 것이 관건이 아니다. 널리 알려져 있는 만큼 넌더리나는 하위계급 역사의 패러다임을 따라 배제된 자들과 억압받는 자들의 역사를 승리한 자들의 역사와 완벽히 동질적인 방식으로 서술하는 문제도 아니다. 메란드리는 고고학이 그와 반대로 퇴행으로 이해되어야 하며, 그 자체로 그것은 합리화의 반대임을 수차례 명시했다.

> 고고학에서는 퇴행 개념이 중요하다. 나아가 퇴행 작업이 합리화의 정반대라는 사실이 중요하다. 합리화와 퇴행은 미분과 적분마냥 반대되는 작업이다. …… 아주 잘 알려져 있으나 여전히 대부분 이해되지 못한 니체의 표현을 빌자면(우리의 말이 참이라면, 불행히도 그것은 결코 끝내 이해되지 못하리라는 것도 참이다), 우리는 이 점에서 고고학이 '디오니소스적' 퇴행을 요구한다고 말할 수 있다. **우리는 뒷걸음치며 미래로 들어간다**nous entrons dans l'avenir à reculons던 폴 발레리의 말마따나 …… 과거를 파악하기 위해 우리는 마찬가지로 **뒷걸음치며** 과거로 거슬러 올라가야 할 것이다.[43]

10. 목적지를 향해 등을 돌리고서 시간 속에서 나아간다는 이미지는 알다시피 벤야민에서도 찾아볼 수 있다. 벤야민은 발레리의 인용구를 잘 알고 있었음에 틀림없다. [「역사의 개념에

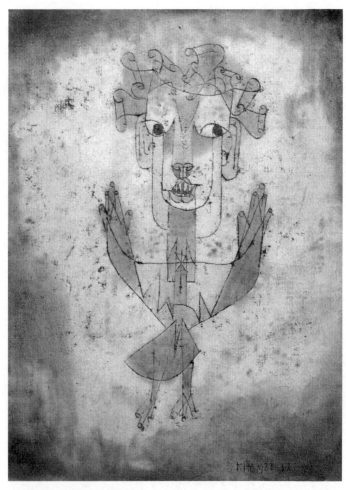

파울 클레,「앙겔루스 노부스」(Israel-Museum, Jerusalem, 31.8×24.2cm, 1920) "파울 클레가 그린「새로운 천사」(Angelus Novus)라는 그림이 있다. …… 천사는 머물고 싶어 하고 죽은 자들을 불러일으키고 또 산산이 부서진 것을 모아서 다시 결합하고 싶어 한다. 그러나 천국에서 폭풍이 불어오고 있고 이 폭풍은 그의 날개를 꼼짝달싹 못하게 할 정도로 세차게 불어오기 때문에 천사는 날개를 접을 수도 없다. 이 폭풍은, 그가 등을 돌리고 있는 미래 쪽을 향하여 간단없이 그를 떠밀고 있으며, 반면 그의 앞에 쌓이는 잔해의 더미는 하늘까지 치솟고 있다. 우리가 진보라고 일컫는 것은 바로 이런 폭풍을 두고 하는 말이다"(벤야민,「역사의 개념에 대하여」, 아홉 번째 테제 중에서).

대하여」의] 아홉 번째 테제에서, 역사의 천사(이 천사의 날개는 진보라는 폭풍 속에서 옭매여 있다)는 **뒷걸음치며**$^{\text{à reculons}}$ 미래로 나아간다. 메란드리의 '디오니소스적' 퇴행은 벤야민의 천사를 뒤집어서 보충한 이미지이다. 벤야민의 천사가 과거를 뚫어지게 바라보며 미래로 나아가는 반면, 메란드리의 천사는 미래를 응시하면서 과거로 뒷걸음친다. 그 둘은 모두 볼 수도 알수도 없는 어떤 것을 향해 나아간다. 역사적 과정의 두 이미지에 나오는 이 보이지 않는 목적지는 현재이다. 현재는 그들의 시선이 마주치는 지점에서, 즉 과거에서 도달한 미래와 미래에서 도달한 과거가 일순간 합치될 때 출현한다.

고고학적 퇴행이 우리가 처한 조건을 정의하는 의식과 무의식, 역사서술과 역사의 분열이 생겨났던 지점에 도달할 때무슨 일이 벌어질까? 이제 명백해질 수 있듯이, 우리가 분열이전以前을 표상하는 방식은 분열 자체에 의해 좌우된다. 그런'이전'을 상상한다는 것은, 분열에 내재적인 논리를 추적하면서 그것에 기원적인 조건을 전제하고, 그 조건이 어느 지점에서 분할됐다고 생각한다는 뜻이다. 이 경우, 그것은 이분법의이편이나 저편을 우리가 그려보려는 경향 속에서 표현된다. 그것은 행복한 상태, 억압도 없고, 완전히 의식적이며, 자주적인일종의 황금시대로 표상되거나, 프로이트와 리쾨르가 그리했듯이 유아기 장면의 무한 반복, 욕망의 환상의 파괴할 수 없는출현으로 표상된다. 반대로 분열의 이편이나 저편에서, 그것의 표상을 좌우하는 범주들이 사라지면, 발생지점이 부지불식 간에 눈부시게 드러나고 우리가 겪어보지도 생각하지도 못했 던 것으로서 현재가 계시될 뿐이다.

11. 현재가 구성상 경험할 수 없는 것의 형태로만 주어질 수 있다는 생각은 프로이트의 트라우마 및 억압 개념과 연결되 어 있다. 이 개념에 따르면, 현재의 경험(열차 충돌, [일반적으 로 성현상과 관련된] 유아기 장면, 충동)은 그것의 트라우마적 성격 때문에 혹은 의식이 그것을 수용할 수 없기 때문에 무의 식 속으로 억압된다. 그리하여 현재의 경험은 잠복기에 들어 가며, 그 기간 동안 그것은 말하자면 일어나지 않은 것으로 보 이지만 억압된 것의 회귀를 증언하는 신경증 증상이나 꿈 내 용의 주체에게 출현하기 시작한다. 이런 식으로,

> 어린아이가 두 살 때 체험하고 이해 못한 것은 꿈에서 말고는 기억나지 않을 수 있다. …… 그러나 뒷날 [이 사건들은] …… 강박 충동과 함께 아이의 삶에 난입해, 아이의 행위를 지도하 고, 아이의 공감과 반감을 강요하며, 꽤 자주 아이의 사랑의 선택을 결정한다.[44]

정신분석만이 증상과 강박 행위를 넘어 억압된 사건들로 거슬러 올라갈 수 있게 할 수 있다.

『인간 모세와 유일신교』에서 프로이트는 이 도식을 헤브루인들의 역사에 적용한다. 모세가 법을 부과한 이후 오랜 기간 동안 모세 종교는 잠복기에 들어갔다가 나중에야 우리가 잘 알고 있는 유대 일신교 형태로 재출현한다. 프로이트는 이런 관점에서 "우리가 …… '무의식적'인 것으로 분류하는 기억의 특별한 상태"와 역사 전통을 나란히 세운다. 프로이트는 이렇게 쓴다. "우리는 여기서 한 민족의 정신생활에서 우리가 전통으로 여기는 상태와의 유비를 찾으리라 기대한다."45) 그러므로 전통은 그것의 전승된 것tradium과 관련해 마치 트라우마적 사건이 보존되는 동시에 ('전승하다'tradere와 '배신하다'를 묶는 어원학을 따라) 억압되는 잠복기처럼 기능한다.

캐시 캐루스는『제 것으로 주장되지 않은 경험』이라는 제목의 책에서 잠복기가 어떻게 보면 역사 경험을 구성하고 있고, 바로 그 경험을 잊어야만 트라우마적 사건이 보존되어 실행된다고 말한다.

> 트라우마의 경험, 잠복기라는 사태는 결코 충분히 알려질 수 없는 현실을 잊는 것이 아니라 경험 자체에 내재하는 잠복기로 구성될 수 있다. 트라우마가 갖는 역사적 힘은 경험이 그 자체의 망각 이후에 반복된다는 사실로 이뤄져 있다기보다 그 경험에 내재하는 망각을 통해서만 경험될 수 있다는 사실로 이뤄져 있다. …… 역사가 트라우마의 역사여야 한다는 말은

역사가 충분히 지각되지 않으면서도 일어나는 한에서만 의미를 가질 수 있다는 뜻이다. 달리 말하면 역사가 그것의 일어났음에 접근할 수 없을 때에만 이해될 수 있다는 뜻이다.[46]

저자가 설명하지 않고 남겨둔 이 생각들을 고고학을 참조해 발전시켜보자. 무엇보다 그 생각들은 베르그손이 말하는 추억뿐 아니라 망각 역시 지각 및 현재와 동시적임을 함축한다. 우리가 어떤 것을 지각할 때 우리는 그것을 추억하는 동시에 망각한다. 이런 뜻에서 모든 현재는 살아보지 않은 부분을 포함한다. 극단적으로 말하면 현재는 사는 내내 살아보지 않은 채 남는 것이요, 그것의 트라우마적 성격이나 지나친 인접성 때문에 모든 경험에서 경험하지 않은 채 머무는 것이다(혹은 하이데거가 말한 존재 역사의 용어들을 써도 괜찮다면, 현재는 망각의 형태로 전통과 역사로 운명지어져 있는 것이다). 현재는 그다지 딱히 살아본 것이 아니라, 또한 무엇보다 정신적 인격성과 역사적 전통의 씨실에 형태와 정합성을 부여하고 그것들에 연속성과 정합성을 보장해주는 살아보지 않은 것을 뜻한다. 모든 현재는 살아보지 않은 것을 환상, 욕망, 강박적 충동(이것들은 [개인적 혹은 집단적] 의식의 문턱에 쉼 없이 출몰한다)의 형태로 만든다. 니체의 말을 바꿔 표현하면, 어떤 것을 살아보지 않은 자(그것이 개인이든 민족이든)는 늘 같은 경험을 한다고 말할 수 있을 것이다.

12. 고고학적 퇴행과 정신분석 사이의 유비가 이제 더 분명해 졌다. 둘 모두에서 중요한 것은 살아보지 않았기에 엄밀히 말 해 '과거'로 정의될 수는 없지만 어떻게 보면 현재로 머무르게 된 과거에 접근하는 것이다. 프로이트의 도식에서 이 비-과거 는 신경증 증상들(그것에 대한 정신분석은 기원의 사건으로 거 슬러 올라가는 데 아리아드네의 실 노릇을 한다)에 의해 그것의 있었음을 증명해준다. 계보학적 탐색에서, 전통에 의해 은폐· 억압됐던 과거에 접근하는 것은 기원에 대한 탐구를 발생지점 에 대한 주의로 대체하는 끈질긴 작업을 통해서만 가능해진 다. 하지만 어떻게 살아보지 않은 것에 다시 접근하고, 어떻게 보면 주체에게는 정말 아직 일어나지 않았던 사건으로 돌아갈 수 있는 것일까? 고고학적 퇴행은 의식과 무의식의 분수령 너 머로 거슬러 올라가 추억과 망각, 살아본 것과 살아보지 않은 것이 연결되는 동시에 분리되는 균열선에 도달한다.

그러나 꿈속에서 일어나듯이 유아기 장면의 '파괴할 수 없 는 욕망'을 실현하는 것이 중요한 것도 아니요,『쾌락 원칙을 넘어서』의 비관적 견해처럼 기원의 트라우마를 무한 반복하는 것이 중요한 것도 아니다. 그렇다고 성공한 정신분석 치료에 서처럼 무의식에 억압되어 있던 내용들을 의식으로 운반하는 것이 중요한 것도 아니다. 오히려 세심한 계보학적 탐색을 통 해 환상을 불러내고, 그러면서 그 환상을 검토하고 해체해 그 것이 점차 침식될 때까지 상세히 관찰함으로써 그것에서 기원의 지위를 박탈하는 것이 중요하다. 따라서 고고학적 퇴행은 회피적이다. 고고학적 퇴행은 프로이트에서처럼 선행 상태를 되살리는 것이 아니라 그것을 분해하고 전위하며 종국에는 비틀어 그것의 내용이 아니라 양상, 정황, 분열의 순간(그 내용을 제거함으로써 그것을 기원으로 구성한 분열의 순간)으로 거슬러 올라가는 것을 목표로 한다. 이런 뜻에서 고고학적 퇴행은 영원회귀의 정반대이다. 고고학적 퇴행은 "상황이 그러했다"를 "상황이 그러하기를 내가 그렇게 원했다"로 바꿈으로써, 그러했던 것[근접과거]에 접근하려고 과거를 반복하기를 바라지 않는다. 반대로 고고학적 퇴행은 과거가 흘러가게 내버려두고 과거에서 해방되며, 과거의 저편이나 이편에서 결코 그러하지 않았던 바, 결코 바란 적 없던 바에 접근하기를 원한다.

그래야만 살아보지 않은 과거는 그러하고 있었던 것[반과거](현재에 동시적이었음)으로서 자신을 드러내며, 이렇게 처음 접근 가능해짐으로써 스스로를 '원천'으로 제시한다. 그래서 동시성, 현재와 함께-현존함은 살아보지 않은 것에 대한 경험과 망각에 대한 추억을 함축하는 한 드물고 어렵다. 그리고 추억과 망각 너머로 거슬러 올라가는 고고학은 현재에 접근하는 유일한 길이다.

13. 푸코가 고고학의 전략과 제스처를 가장 정확히 서술했던 혹은 예감했던 텍스트는 어쩌면 그가 최초로 출간한 글, 루트

비히 빈스방거의 『꿈과 실존』에 붙인 장문의 서문(1954)일 것이다. 물론 [고고학이라는] 용어 자체는 나오지 않지만, 거기서 꿈과 상상에 부여된 '자유의 운동'은 고고학과 그 의미 및 목표를 공유하고 있다. 서두부터 꿈이란 기원적 욕망의 대리 실현이라던 프로이트의 테제가 단호하게 부정된다. 꿈은 꿈일 뿐 충족된 욕망이 아닌 까닭은 "꿈이 (욕망 자체에 맞서는) 모든 '대항–욕망들'도 실현하기 때문이다. 꿈속의 불은 성적 욕망의 불타는 충족이지만, 욕망이 불이라는 미세한 실체의 형태를 띠도록 만드는 것은 이 욕망을 거부하고 그것을 쉼 없이 진화하려는 모든 것이다."[47] 그러므로 프로이트의 분석은 불충분하다. 프로이트의 분석에서는 꿈의 언어가 오로지 그것의 '의미론적 기능'으로 환원되며 그것의 "형태론적이고 구문론적인 구조," 그러니까 그것이 이미지들로 절합된다는 사실이 간과된다. 그래서 고유하게 상상적인 표현의 차원에 대한 분석이 전적으로 누락되는 한, "정신분석은 결코 이미지들이 말하도록 만드는 데 성공하지 못한다."[48]

만일 꿈의 운동이 기원적 장면이나 트라우마의 회복 속에서 결코 소진될 수 없다면, 그 이유는 그 운동이 그것들 너머로 거슬러 올라가 재차 "자유의 최초 운동"에 도달해 "실존 자체의 궤적"과 합치되기 때문이다. 꿈속에서 이 궤적을 뒤쫓는다는 것은 주체가 자신을 근본적으로 의문시한다는 것, 특히 자신의 고유한 '비실현'의 위험을 무릅쓴다는 것을 뜻한다.

일 년 동안 보지 못하던 피에르를 상상하는 것은, 나에게 그 부재를 비현실의 방식으로 알려주는 것이 아니다. …… 그것은 먼저 나 자신을 비실현하는 것이자, 내가 더는 피에르를 만날 수 없는 이 세계를 잠시 떠나는 것이다. 그것은 내가 "다른 세계로 도망친다"는 말도, 내가 현실 세계의 가능한 주변부를 산책한다는 말도 아니다. 하지만 나는 내가 현존하는 세계의 길을 거슬러 오른다. 그럼으로써 피에르가 그것으로부터 배제된 이 필연의 선들은 흐려지며, 바로 이 세계에 현존한다는 나의 현존은 지워진다.[49]

꿈은 시원적 선행 상태인 환상과 가족사를 복원하기는커녕 모든 현실 세계를 파괴하고 산산이 부수는 데서부터 시작하며 먼저 이 파괴 속으로 자신을 끌고 간다. 꿈이 시간을 거슬러 오른다면, 이는 주관적인 우주와 그에 상응하는 객관적인 우주 위로 솟구쳐 "세계가 아직 자신의 실존과 일치하던 최초 폭발의 여명기에 있던 세계"[50]로 향하기 위해서이다. 1969년 저작에서 고고학은 현상들을 그것들의 발생과 순수한 현존재 수준에서 포착하는 능력으로 정의된다. 마찬가지로 꿈속에서는 "인간학에서 존재론으로의 이행"이 일어나는데, 거기서 "실존 자체는 상상의 근본적인 방향 속에서 그 자신의 고유한 존재론적 토대를 가리킨다."[51] 프로이트에게 환상은 퇴행 운동의 방향을 정하는 파괴 불가능한 목적지를 표상하지만, 꿈과 상상은 자기 자신 자체를 이미지나 환상으로 도약시키는 모든 결정화結晶化를 끊임없이 재검토한다. 사실 환상은 "주체가 그 자신을 감싸고 옴짝달싹 못하게 하는 준-지각의 현존 속에서 자신의 짓눌린 실존의 자유로운 운동을 발견할 때" 만들어진다. 반대로 "시적 상상의 가치는 이미지를 내파하는 역량에 따라 측정된다."52) "무릇 상상이란 진정한 것이 되기 위해서는 꿈꾸는 법을 다시 배워야 한다. 그리고 '시작술詩作術'이란 이미지들의 현혹과 단절하고, 상상에 제 자유로를 다시 열어, 상상에 절대 진리로서 그것의 '깨트릴 수 없는 한밤'을 제공하는 꿈을 향하도록 가르치는 것 말고는 다른 의미가 없다."53) 이미지와 환상 너머에 있는 이 차원(상상의 운동은 그것으로 향한다)은 트라우마나 원초적 장면에 대한 강박적 반복이 아니라 "세계의 기원적 구성이 완수되는"54) 실존의 첫 순간이다.

14. 철학적 고고학에 함축된 특수한 시간 구조를 생각해보자. 거기서 문제가 되는 것은 본래 과거가 아니고 발생지점이다. 다른 한편 철학적 고고학이 발생지점에 접근하는 길을 열 수 있으려면 그 발생지점이 전통에 의해 은폐되고 중화됐던 지점까지(메란드리의 용어로는 의식과 무의식, 역사서술과 역사의 분열이 생겨난 지점까지) 뒤로 거슬러 올라가야 한다. 발생지점, 고고학의 아르케는 고고학적 탐색이 제 작업을 완수했을 때에만 도래하고 접근 가능하며 현재하는 것이 될 수 있다. 그

러므로 발생지점은 미래에 있는 과거의 형태, 다시 말해 **전미래**의 형태를 띤다.

여기서 관건은 단지 몇몇 사람들이 주장했듯이 "일심에서 유죄 선고받은 대안적 발전들을 위한 항소"[55])도 아니요, 기존 사태들에 대한 가능한 대안들을 추측하는 것도 아니다. 언젠가 벤야민은 이렇게 쓴 바 있다. "추억 속에서 우리는 역사를 철저하게 비신학적으로 파악하는 것을 금지하는 것을 경험하게 된다." 왜냐하면 추억은 완수되지 않은 것을 완수된 것으로 변형하고, 완수된 것을 완수되지 않은 것으로 변형함으로써 과거를 모종의 방식으로 변경하기 때문이라는 것이다.[56]) 이런 의미에서 추억이 있었던 것에 가능성을 되돌려주는 (하지만 있었던 것을 과거로 승인해버리는) 힘이라면, 망각은 있었던 것에서 그 가능성을 쉼 없이 걷어내는 (하지만 어떻게 보면 그것의 현존을 간직하는) 것이다. 반대로 고고학에서 관건은 기억과 망각 너머에서, 오히려 그 둘이 차이나지 않는 문턱에서 처음으로 현재에 접근하는 것이다.

이런 이유로 여기서 과거를 향해 열리는 통로는 미래로 투사되어 있다. 이미 『꿈과 실존』 서문에서 푸코는 프로이트에 맞서 미래로 향하는 꿈의 내밀한 긴장에 대해 지적한다.

꿈의 핵심은 그다지 그것이 과거에서 되살린 것에 있지 않고 미래를 예고한 것에 있다. 꿈은 여성 환자가 본인도 아직 모르지만 자신을 지금 가장 무겁게 억누르는 짐이라는 이 비밀을 분석의에게 마침내 털어놓게 될 순간을 예측하고 예고한다. …… 꿈은 해방의 순간을 앞지른다. 꿈은 트라우마적 과거로부터 강제된 반복이라기보다는 훨씬 더 역사의 전조이다.[57]

어쩌면 여기서 미래를 "자기해방하는 자유의 최초 순간"[58]이라며 너무 순진하게 강조한 것 이상으로, 고고학에서 문제가 되고 있는 미래는 과거 속에서 복잡해진다는 사실을 명시해야겠다. 바로 그것이 전미래이다. 전미래는 고고학자의 제스처(또는 상상계의 능력)가 무의식의 환상, 그리고 역사에 접근하지 못하게 가로막는 전통의 촘촘한 사슬들의 장을 **일소하게 되어 있을**avranno sgombrato 때, **그리 되어 있을 과거**passato che sarà stato이다. 이 '그리 되어 있을' 것의 형태로만 역사적 인식은 참으로 가능해진다.

15. 고고학은 역사의 흐름을, 결을 거슬러 올라간다. 이는 마치 상상이 개인의 전기傳記를 거슬러 오르는 것과 마찬가지이다. 고고학이나 상상이나 둘 모두 퇴행적 힘을 보여준다. 그렇지만 이 힘은 트라우마적 신경증처럼 파괴할 수 없도록 남은 기원으로 뒷걸음치는 것이 아니라, 반대로 전미래 시제에 따라 (개인적 혹은 집단적) 역사가 처음으로 접근 가능해지는 지점으로 뒷걸음치는 것이다.

이렇게 고고학과 역사의 관계는 명료해진다. 이 관계는 이슬람교 신학에서(다른 방식이긴 하지만 그리스도교 신학과 유대교 신학에서도) 대속代贖과 창조, '명령/권능'amr과 '창조'khalq, 예언자와 천사를 구별하는 동시에 연결하는 관계에 대응한다. 이 교의에 따르면 신에게는 두 가지 역사役事 혹은 활동이 있다. 대속의 역사/활동와 창조의 역사/활동. 예언자는 전자에 관련되며, 구원의 역사/활동을 긍정하기 위한 매개자 노릇을 한다. 천사는 후자에 관련되며, 창조의 역사/활동을 위한 매개자 노릇을 한다. 위계상 구원의 역사/활동이 창조의 역사/활동에 앞선다. 따라서 예언자가 천사보다 우위에 있다(그리스도교 신학에서는 신 안에서 통일되어 있는 두 역사/활동이 삼위일체에 따라 두 구분되는 위격인 성부와 성자, 전능한 창조주와 구세주에게 부여된다. 구세주 안에서 신은 자신의 힘을 잃는다).

이런 개념에서는 대속이 창조보다 위계상 앞서며, 뒤따르는 듯 보이는 것이 실제로는 앞에 있다는 사실이 핵심이다. 대속은 피조물의 타락에 대한 구제책이 아니라, 창조를 이해할 수 있게 만들고 그것에 의미를 부여할 수 있는 유일한 것이다. 그렇기 때문에 이슬람에서는 예언자의 빛이 존재들 중 으뜸이다(유대교 전통에서 메시아의 이름이 세상의 창조 이전에 만들어졌고, 그리스도교에서 성자가 성부에서 생겨났음에도 불구하고 그것과 동일실체이자 동시적인 것처럼 말이다). 이슬람교와 유대교에서 구원의 역사/활동이 창조의 역사/활동보다 위계상 앞서는데도 불구하고 [신이 아니라 신의] 피조물에게 위임되어 있다는 사실은 교훈적이다. 이 사실은 지금쯤 우리에게 틀림없이 익숙할 역설을 공고히 한다. 그 역설에 따르면 두 역사/활동은 단순히 분리되어 있는 것이 아니라 하나의 장소에 뿌리를 내리고 있으며, 거기서 구원의 역사/활동은 창조의 역사/활동에 내재적인 일종의 선험으로서 작동하며 창조의 역사/활동을 가능하게 만든다.

고고학자가 하듯이 역사의 흐름을 결을 거슬러 올라가는 것은 창조의 역사/활동을 거슬러 올라가 그것이 유래한 구원에 창조를 되돌려주는 것과 마찬가지이다. 이와 동일한 의미에서 벤야민은 대속을 완전히 역사적인 범주로 만들어버렸다. 그 범주는 어느 모로 보나 나쁜 역사가들의 변명에 반대된다. 이런 의미에서 고고학은 역사서술의 내재적인 선험인 것만이 아니다. 고고학자의 제스처는 모든 참된 인간 행위의 패러다임이다. 한 저자와 개개 인간의 급을 정해주는 것은 비단 삶의 성과가 아니라 그가 삶을 대속의 역사/활동에 연관시키고 삶에 구원의 표시를 새김으로써 삶을 이해 가능하게 만드는 데 어떻게 성공하느냐에 달려 있다. 삶을 구원할 줄 알게 될 자에게만 창조는 가능하리라.

16. 인간과학의 역사는 후퇴기에 접어들기에 앞서 20세기 초반 내내 결정적인 진전을 보았다. 그때 언어학과 비교문법학

은 인간과학의 역사에서 '선도 학문' 역할을 자임했다. 순전히 언어학적인 분석을 통해 인류사의 더 시원적인(혹은 뒤메질의 표현을 차용하면 초역사적인) 단계로 거슬러 올라갈 수 있다는 생각은 19세기 말엽 헤르만 우제너가『신들의 이름』(1896)에 대한 자신의 연구에서 제출한 바 있다. 이 연구 서두에서 우제너는 신들의 이름이 어떻게 만들어질 수 있었는지 자문하고 나서 그 같은 물음(종교사에서 절대적으로 중요한 물음)에 답하기 위해 우리가 가진 증거Urkunde라고는 언어 분석에서 끌어내는 것뿐이라고 지적했다.59) 하지만 우제너 이전에도 이미, 확실히 엄밀함은 떨어지지만, 비교문법학이 막스 뮐러에서 아달베르트 쿤과 에밀 뷔르누프에 이르기까지 19세기 후반의 마지막 30년 동안 비교신화학과 종교학의 토대를 놓으려 했던 학자들의 연구에 영감을 주었다. 언어학적인 자료들만 검토해서 그저 '신들의 이름'만 살펴보는 것이 아니라 외려 '인도-유럽의 제도' 자체의 일반적인 계통을 재구축하려고 시도하면서 비교문법학이 에밀 방브니스트의『인도-유럽 사회의 제도·문화 어휘연구』에서 정점에 도달하자, 그런 기획은 전반적으로 후퇴하기 시작하고, 그런 연구가 제안되기 어려운 인식론 지평 속에서 노암 촘스키 식의 형식화된 모델에 기초를 둔 언어학으로의 방향 전환이 일어났다.

이 자리가 오늘날 인간과학의 역할과 미래를 논의하는 자리는 아니다. 그보다 우리는 고고학에서 문제가 되고 있는 아르케를 어떻게 이해해야 할 것인가를 다시 묻는 데 훨씬 더 관심이 있다. 언어학 분야나 문화사 분야에서 실재하는 것으로 전제된 언어와 그 언어를 말하던 민족("[민족이] '분산되는 시기에' 사용되던 아카데믹한 인도-유럽어라고 생각되던 것"[60])에 닻을 내리기를 포기했을 때 그 연구가 중대한 진보를 이뤘음이 사실이라 해도, 그리고 학자들이 검증 불가능한 본형을 재구축하는 것이 중요한 것이 아니라 알려진 언어들을 비교 설명하는 것이 중요함을 깨달았다 해도, 이런 관점에서 그 가설에 함축되어 있는 존재론적 지지대와의 연결을 완전히 끊는 것은 가능하지 않았다. 그렇기 때문에 방브니스트가 1969년에 자신의 주저를 출간했을 때, 사람들은 '인도-유럽의 제도' 같은 어떤 것의 인식론적 장소^{locus}와 역사적 정합성을 어떻게 이해해야 하는지 명확하게 알지는 못했던 것 같다. 저자는 그해에 완전히 불치의 실어증의 타격을 받지는 않았지만 해결책을 내놓을 수는 없었을 것이다.

우리가 여기서 제안하는 철학적 고고학의 관점에서, 존재론적 정박의 문제를 완전히 다시 봐야 한다. 고고학이 그것을 향해 뒷걸음치는 아르케란 (선사적 유형의 넓은 격자를 가지고서라도) 연대기 속에서 위치를 정할 수 있는 소여로 이해되어서는 추호도 안 된다. 아르케는 차라리 역사 속에서 작동하는 힘이다. 마치 인도-유럽어의 단어들이 역사적으로 접근 가능한 언어들 사이의 접속 체계를 표현하고, 정신분석학에서 아이가 성인의 정신적 삶 속에서 활동하는 힘이며, 우주의 기원이라고 가정되는 빅뱅이 우리를 향해 배경 복사를 계속해서 보내는 것과 마찬가지로 말이다. 하지만 아무리 수백억 년 전이라 해도 우주물리학자들이 해당 시점을 추정할 수 있다고 주장하는 빅뱅과 달리 아르케는 어떤 정보나 실체라기보다는 인류발생과 역사 사이에, 발생지점과 생성 사이에, 원-과거와 현재 사이에 펼쳐져 있는 양극을 가진 역사적 흐름의 장이다. 그런 식이라면, 즉 인류발생에서처럼 아르케가 반드시 일어났던 것이라 추정되지만 연대기 속의 사건으로 실체화될 수 없는 어떤 것이라면, 역사 현상들의 이해 가능성을 보장할 수 있는 것, 기원(그것은 어떤 경우에도 검증 불가능하다)이 아니라 그것의 유한한 동시에 총체화할 수 없는 역사를 이해함으로써 전미래에 고고학적으로 "그것들[역사 현상들]을 구원할" 수 있는 것은 아르케뿐이다.

이 점에서 비교문법학(본질적으로 역사적인 분과 학문)에서 생성문법(결국 생물학적인 분과 학문)으로 인간과학의 패러다임이 이동할 때 무엇이 쟁점인지를 이해할 수 있겠다. 두 경우 모두에서 여전히 문제는 궁극적인 존재론적 정박이다. 비교문법학(그리고 그것에 바탕을 둔 분과 학문들)에서는 존재론적 정박지가 기원에 있는 역사적 사건인데, 생성문법(그리고 그와 연계된 인지과학)에서는 호모 사피엔스의 신경 체계와 유전자 코드이다. 인지과학에서 파생된 모델이 인간과학 분야에서 현재 우위를 점한다는 사실은 이런 인식론적 패러다임 변화의 증거이다. 그렇지만 존재론적 정박의 관념을 처음부터 다시 생각함으로써 존재를 본질적으로 역사적인 긴장의 장으로서 고찰했을 때에야 인간과학은 그 자체의 결정적인 인식론적 문턱에 도달하게 될 것이다.

후 주

1장. 패러다임이란 무엇인가?

1) Michel Foucault, "Qu'est-ce que la critique?," *Bulletin de la Société française de philosophie*, 84ᵉ année, no.2 (avril-juin 1990), pp. 48~49. [정일준 옮김, 「비판이란 무엇인가?」, 『자유를 향한 참을 수 없는 열망』, 새물결, 1999, 140~141쪽.]

2) Hubert Dreyfus and Paul Rabinow, *Michel Foucault: Beyond Struc -turalism and Hermeneutics* (Chicago: University of Chicago Press, 1983), p.199. [서우석 옮김, 『미셸 푸코: 구조주의와 해석학을 넘어서』, 나남, 1990, 286쪽.]

3) Michel Foucault, "Foucault répond" (1971), *Dits et Érits*, t.2: 1970 -1975, éd. Daniel Defert et François Ewald, avec collab. Jacques Lagrange (Paris: Gallimard, 1994), pp.239~240.

4) Michel Foucault, "Introduction par Michel Foucault" (1978), *Dits et Érits*, t.3: 1976-1979, éd. Daniel Defert et François Ewald, avec collab. Jacques Lagrange (Paris: Gallimard, 1994), pp.436~ 437. [여인석 옮김, 「미셸 푸코의 서문」, 조르주 캉길렘, 『정상적인 것과 병리적인 것』, 인간사랑, 1996, 28~29쪽.]

5) Thomas S. Kuhn, *The Structure of Scientific Revolutions* (1962), 2nd. ed. (Chicago: University of Chicago Press, 1970), p.182. [김명자·홍성욱 옮김, 『과학혁명의 구조』(50주년 기념판/제4판), 까치글방, 2013, 303쪽.]

6) Kuhn, *The Structure of Scientific Revolutions*, p.46. [『과학혁명의 구조』, 121쪽.]

7) Kuhn, *The Structure of Scientific Revolutions*, p.187. [『과학혁명의 구조』, 311쪽.]

8) Foucault, "Foucault répond," p.240.

9) Michel Foucault, "Entretien avec Michel Foucault"(1977), *Dits et Érits*, t.3: 1976-1979, éd. Daniel Defert et François Ewald, avec collab. Jacques Lagrange (Paris: Gallimard, 1994), pp.143~144.

10) Foucault, "Entretien avec Michel Foucault," p.144.

11) Michel Foucault, *L'Archélogie du savoir* (Paris: Gallimard, 1969), pp.236~237. [이정우 옮김, 『지식의 고고학』, 민음사, 2000, 251쪽.]

12) Foucault, *L'Archélogie du savoir*, pp.243~244. [『지식의 고고학』, 260쪽.]

13) Foucault, *L'Archélogie du savoir*, p.250. [『지식의 고고학』, 266쪽.]

14) Foucault, *L'Archélogie du savoir*, p.251. [『지식의 고고학』, 267쪽.]

15) Michel Foucault, *Surveiller et punir* (Paris: Gallimard, 1975), pp. 201~202. [오생근 옮김, 『감시와 처벌』, 나남, 2003, 309~310쪽.]

16) Foucault, *Surveiller et punir*, pp.206~207. [『감시와 처벌』, 317쪽.]

17) Foucault, *Surveiller et punir*, pp.223. [『감시와 처벌』, 339쪽.]

18) Foucault, *Surveiller et punir*, pp.207. [『감시와 처벌』, 318쪽.]

19) Daniel S. Milo, *Trahir le temps: Histoire* (Paris: Les Belles Lettres, 1991), p.236.

20) Marc Bloch, *Les Rois thaumaturges: Étude sur le caractère surnaturel attribué à la puissance royale particulièrement en France et en Angleterre* (Strasbourg: Librairie Istra, 1924).

21) Ernst Kantorowicz, *The King's Two Bodies: A Study in Mediaeval Political Theology* (Princeton: Princeton University Press, 1957).

22) Lucien Febvre, *Le problème de l'incroyance au XVIe siècle: La religion de Rabelais* (Paris: Albin Michel, 1947). [김응종 옮김, 『16세기의 무신앙 문제: 라블레의 종교』, 문학과지성사, 1996.]

23) Aristotelēs, *Analytica priora*, 69a13-15.

24) Enzo Melandri, *La linea e il circolo: Studio logico-filosofico sull' -analogia* (Bologna: Il mulino, 1968; Macerata: Quodlibet, 2004).

25) Immanuel Kant, "Kritik der Urtheilskraft"(1793), *Werkausgabe*, Bd.X, Hrsg. Wilhelm Weischedel (Frankfurt am Main: Suhrkamp), 1974, p.155. [백종현 옮김, 『판단력 비판』, 아카넷, 2009, 238쪽.]

26) Platōn, *Politikos*, 278c. [김태경 옮김, 『정치가』, 한길사, 2000, 145쪽.]

27) Victor Goldschmidt, *Le Paradigme dans la dialectique platonic-ienne* (Paris: PUF, 1947), p.53.

28) Goldschmidt, *Le Paradigme dans la dialectique platonicienne*, p.77.

29) Platōn, *Politikos*, 278b5. [『정치가』, 144쪽.]

30) Platōn, *Politikos*, 278c4, 278b5. [『정치가』, 145, 144쪽.]

31) Goldschmidt, *Le Paradigme dans la dialectique platonicienne*, p.84.

32) Platōn, *Politeia*, VI, 509d-511e. [박종현 옮김, 『국가/정체』, 서광사, 2005, 439~445쪽.]

33) Platōn, *Politeia*, VI, 510c. [『국가/정체』, 442쪽.]

34) Platōn, *Politeia*, VI, 511b2-c1. [『국가/정체』, 444쪽.]

35) Platōn, *Politeia*, VI, 510b9. [『국가/정체』, 441쪽.]

36) Platōn, *Politeia*, VII, 533c6. [『국가/정체』, 488쪽.]

37) Martin Heidegger, *Sein und Zeit* (Halle: Niemeyer, 1927; Tübing-en: Niemeyer, 1972), p.153. [이기상 옮김, 『존재와 시간』, 까치글방, 1998, 212쪽.]

38) Heidegger, *Sein und Zeit*, p.153. [『존재와 시간』, 212쪽.]

39) Aby Warburg, *Der Bilderatlas Mnemosyne*, Hrsg. Martin Warnke und Claudia Brink (Berlin: Akademie Verlag, 2000).

40) Johann Wolfgang von Goethe, "Zur Farbenlehre"(1810), *Gedenk-ausgabe der Werke, Briefe und Gespräche*, Bd.XVII: Natur-wissenschaftliche Schriften,2, Hrsg. Ernst Beutler, Zürich: Artemis-Verlag, 1952, p.691. [장희창 옮김, 「색채론」, 『색채론/자연과학론』, 민음사, 2003, 96쪽.]

41) Johann Wolfgang von Goethe, "Der Versuch als Vermittler von Objekt und Subjekt"(1792), *Gedenkausgabe der Werke, Briefe und Gespräche*, Bd.XVI: Naturwissenschaftliche Schriften, 1, Hrsg. Ernst Beutler, Zürich: Artemis-Verlag, 1949, pp.851~852. [권오상 옮김, 「대상과 주체의 매개로서의 실험」, 『색채론/자연과학론』, 민음사, 2003, 323, 324~325, 322쪽.]

42) Goethe, "Der Versuch als Vermittler von Objekt und Subjekt," p.852. [「대상과 주체의 매개로서의 실험」, 323쪽.]

43) Johann Wolfgang von Goethe, "Die Maximen und Reflektionen" (1833), *Gedenkausgabe der Werke, Briefe und Gespräche*, Bd.IX, Hrsg. Ernst Beutler, Zürich: Artemis-Verlag, 1949, p.571.

44) Johann Wolfgang von Goethe, "Erfahrung und Wissenschaft"(17-98), *Gedenkausgabe der Werke, Briefe und Gespräche*, Bd.XVII: Naturwissenschaftliche Schriften, 2, Hrsg. Ernst Beutler, Zürich: Artemis-Verlag, 1952, p.871.

45) Goethe, "Die Maximen und Reflektionen," p.672.

46) Wallace Stevens, "Description without Place," *Transport to Summer* (New York: A. A. Knopf, 1947), p.68.

2장. 표시론

1) Paracelsus, "Von den natürlichen Dingen"(1525?), *Bücher und Schriften*, Bd.III-7, Hrsg. Johannes Huser (Basel: Conrad Waldkirch, 1589; Hildesheim/New York: Georg Olms, 1972), p.131. [이하 이 전집에서의 인용시에는 (논문의) 제목, 권수, 쪽수만 표기.]

2) Paracelsus, "Liber de podagricis et suis speciebus et morbis annexis"(1520), Bd.II-4, p.259.

3) Paracelsus, "Von den natürlichen Dingen," p.133.

4) Paracelsus, "Astronomia magna"(1537/38), Bd.V-10, p.152f.

5) Paracelsus, "Die 9 Bücher *De Natura rerum*, an Johansen Winkelsteiner zu Freiburg im Üchtland"(1537), Bd.III-6, p.329.

6) Paracelsus, "Die 9 Bücher *De Natura rerum*," p.333.

7) Paracelsus, "Die 9 Bücher *De Natura rerum*," p.332.

8) Paracelsus, "Die 9 Bücher *De Natura rerum*," p.334.

9) Paracelsus, "Die 9 Bücher *De Natura rerum*," p.356.

10) Paracelsus, "Die 9 Bücher *De Natura rerum*," p.356.

11) Paracelsus, "Liber de imaginibus"(1527?), Bd.IV-9, p.384.

12) Paracelsus, "Labyrinthus medicorum errantium: Vom Irrgang der Ärzte"(1537/38), Bd.I-2, p.234.

13) Paracelsus, "Weitere verstreute Bruchstücke über das Podagra" (1520?), Bd.II-4, p.316.

14) Paracelsus, "Labyrinthus medicorum errantium," p.234.

15) Paracelsus, "Das Buch Paragranum"(1529), Bd.I-2, p.110.

16) Paracelsus, "Die 9 Bücher *De Natura rerum*," p.329.

17) Paracelsus, "Die 9 Bücher *De Natura rerum*," p.330.

18) Paracelsus, "Die 9 Bücher *De Natura rerum*," p.229.

19) Paracelsus, "Die 9 Bücher *De Natura rerum*," p.330.

20) Paracelsus, "Die 9 Bücher *De Natura rerum*," p.331.

21) Paracelsus, "Die 9 Bücher *De Natura rerum*," p.331.

22) Jakob Böhme, "De signatura rerum," *Sämtliche Werke*, Bd.VI-14, Hrsg. Will-Erich Peukert (Stuttgart: Frommann, 1955), pp.3~4.

23) Böhme, "De signatura rerum," p.4.

24) Böhme, "De signatura rerum," p.4.

25) Böhme, "De signatura rerum," p.5.

26) Böhme, "De signatura rerum," p.96.

27) Jakob Böhme, "De electione gratiae," *Sämtliche Werke*, Bd.VI-15, Hrsg. Will-Erich Peukert (Stuttgart: Frommann, 1955), p.137.

28) Sanctus Augustinus, *De Civitate Dei*, X, 5. [성염 옮김, 『신국론』(제1-10권), 분도, 2004, 1005쪽.]

29) Augustinus, *De Civitate Dei*, X, 6. [『신국론』(제1-10권), 1007쪽.]

30) Hugonis de Sancto Victore, "De sacramentis Christianae fidei,"

Patrologia Latina, t.176, ed. Jacques-Paul Migne (Parisiis: Excu-
debat Migne, 1854), p.35A.

31) Anonymus[Hugonis de Sancto Victore], "Summa sententiarum,"
Patrologia Latina, t.176, ed. Jacques-Paul Migne (Parisiis: Excu-
debat Migne, 1854), p.117B.

32) Sanctus Thomas Aquinas, *Summa theologica*, p.III, q.62, art.1, sol.1.

33) Thomas Aquinas, *Summa theologica*, p.III, q.64, art.8, concl.

34) Sanctus Augustinus, "Contra epistolam Parmeniani," *Patrologia La
-tina*, t.43, ed. Jacques-Paul Migne (Parisiis: Excudebat Migne, 18
-45), p.71.

35) Augustinus, "Contra epistolam Parmeniani," p.71.

36) Augustinus, "Contra epistolam Parmeniani," p.71.

37) Augustinus, "Contra epistolam Parmeniani," p.71.

38) Thomas Aquinas, *Summa theologica*, p.III, q.63, art.2, concl.

39) Thomas Aquinas, *Summa theologica*, p.III, q.63, art.1, concl.

40) Thomas Aquinas, *Summa theologica*, p.III, q.63, art.1, concl.

41) Thomas Aquinas, *Summa theologica*, p.III, q.63, art.1, sed contra.

42) Thomas Aquinas, *Summa theologica*, p.III, q.63, art.1, concl.

43) Thomas Aquinas, *Summa theologica*, p.III, q.63, art.2, sol.4.

44) Thomas Aquinas, *Summa theologica*, p.III, q.63, art.2, sol.4.

45) Iamblichus, *Les Mystères d'Egypte*, éd. Édouard Des Places (Paris:
Les Belles Lettres, 1966), pp.96~98.

46) Iamblichus, *Iamblicus de mysteriis Aegyptiorum, Chaldaeorum,
Assyriorum* ······ *Proclus de sacrificio et magia* ······ *Marsilio Fi-
cino florentino interprete* (Venetiis: In aedibvs Aldi, 1516), p.7.

47) Iamblichus, *Iamblicus de mysteriis Aegyptiorum*······, p.35.

48) Iamblichus, *Iamblicus de mysteriis Aegyptiorum*······, p.35.

49) Alain Boureau, *Le pape et les sorciers: Une consultation de Jean
XXII sur la magie en 1320 (manuscript B.A.V. Borghese 348)*
(Rome: École Francaise de Rome, 2004), p.ix.

50) Boureau, *Le pape et les sorciers*, p.15.

51) Boureau, *Le pape et les sorciers*, p.29.

52) Boureau, *Le pape et les sorciers*, p.28.

53) Boureau, *Le pape et les sorciers*, p.27.

54) Aby Warburg, "Italienische Kunst und internationale Astrologie im Palazzo Schifanoia zu Ferrara," AA.VV., *L'Italia e l'arte straniera: Atti del X Congresso internazionale di storia dell'arte* (Roma: Maglione & Strini, 1922); "Arte italiana e astrologia internazionale nel Palazzo Schifanoia di Ferrara," *La rinascita del paganesimo antico, Contributi alla storia della cultura raccolti da Gertrud Bing* (Firenze: La Nuova Italia, 1966), pp.256~257.

55) David Pingree, ed., *Picatrix: The Latin Version of the Ghāyat al-ḥakīm* (London: Warburg Institute, 1986), pp.33.

56) Pingree, ed., *Picatrix*, p.65.

57) Pingree, ed., *Picatrix*, p.51.

58) Pingree, ed., *Picatrix*, p.8.

59) Pingree, ed., *Picatrix*, p.8.

60) Pingree, ed., *Picatrix*, p.111.

61) Michel Foucault, *Les mots et les choses: Une archéologie des sciences humaines* (Paris: Gallimard, 1966), p.41. [이규현 옮김, 『말과 사물』, 민음사, 2012, 58쪽.]

62) Foucault, *Les mots et les choses*, pp.43~44. [『말과 사물』, 61~62쪽.]

63) Foucault, *Les mots et les choses*, p.44. [『말과 사물』, 62쪽.]

64) Foucault, *Les mots et les choses*, p.44. [『말과 사물』, 62~63쪽.]

65) Foucault, *Les mots et les choses*, p.45. [『말과 사물』, 63쪽.]

66) Enzo Melandri, "Note in margine all'episteme di Foucault," *Lingua e stile*, vol.5, no.1 (1970), p.147.

67) Melandri, "Note in margine all'episteme di Foucault," p.148.

68) Émile Benveniste, *Problèmes de linguistique générale 2* (Paris: Gallimard, 1974), p.64. [김현권 옮김, 『일반언어학의 여러 문제 2』,

지식을만드는지식, 2012, 112~114쪽. 이 판본은 축약본이다. 완역
판은 동일한 제목으로 동일한 출판사에서 2013년에 출간됐다.]

69) Benveniste, *Problèmes de linguistique générale 2*, pp.65~66. [『일
반언어학의 여러 문제 2』, 115쪽.]

70) Ferdinand de Saussure, "Ms. Fr. 3961," in Jean Starobinski, *Les
Mots sous les mots: Les Anagrammes de Ferdinand de Saussure*
(Paris: Gallimard, 1971), p.14.

71) Benveniste, *Problèmes de linguistique générale 2*, p.65. [『일반언
어학의 여러 문제 2』, 115쪽.]

72) Michel Foucault, *L'Archélogie du savoir* (Paris: Gallimard, 1969),
p.112. [이정우 옮김, 『지식의 고고학』, 민음사, 2000, 125쪽.]

73) Foucault, *L'Archélogie du savoir*, p.116. [『지식의 고고학』, 129쪽.]

74) Foucault, *L'Archélogie du savoir*, p.114. [『지식의 고고학』, 128쪽.]

75) Foucault, *L'Archélogie du savoir*, p.115. [『지식의 고고학』, 129쪽.]

76) Foucault, *L'Archélogie du savoir*, p.145. [『지식의 고고학』, 162쪽.]

77) Foucault, *L'Archélogie du savoir*, p.146. [『지식의 고고학』, 162쪽.]

78) Foucault, *L'Archélogie du savoir*, p.153. [『지식의 고고학』, 170쪽.]

79) Herbert of Cherbury, *De veritate, prout distinguitur a revelatione,
a verisimili, a possibili, et a falso* (Londini: [s.n.], 1645); *De veri-
tate/De causis errorum……*, Hrsg. Günter Gawlick (Stuttgart-Bad
Cannstatt: Friedrich Frommann, 1966), p.111.

80) Immanuel Kant, "Kritik der reinen Vernunft"(1781), *Werkausgabe*,
Bd.IV, Hrsg. Wilhelm Weischedel (Frankfurt am Main: Suhrkamp,
1974), pp.A599/B627. [백종현 옮김, 『순수이성 비판 2』, 아카넷,
2006, 775쪽.]

81) Moïse Hayyim Luzzatto, *Le philosophe et le cabaliste: Exposition
d'un debat*, éd. Joëlle Hansel (Lagrasse: Verdier, 1991), pp.86~87.

82) Louis de Jaucourt et Antoine-Gaspard Boucher d'Argis, "Signature,"
*Encyclopédie, ou dictionnaire raisonné des sciences, des arts et des
métiers*, t.XV, (Paris: Briasson, et als., 1751), p.187.

83) Carlo Ginzburg, *Miti emblemi spie: Morfologia e storia* (Torino: Einaudi, 1986), p.170.

84) Ginzburg, *Miti emblemi spie*, p.164.

85) Ginzburg, *Miti emblemi spie*, p.160.

86) Arthur Conan Doyle, "The Adventure of the Cardboard Box" (1892), *The Memoirs of Sherlock Holmes* (London: George New -nes, 1894). [백영미 옮김, 「소포상자」, 『홈즈의 마지막 인사』(전집8 권), 황금가지, 2002.]

87) Sigmund Freud, "Der Moses des Michelangelo," *Imago*, vol.3, no.1 (1914), p.24. [정장진 옮김, 「미켈란젤로의 모세 상」, 『예술, 문학, 정신분석』, 열린책들, 2003, 308~309쪽.]

88) Walter Benjamin, "Über das mimetische Vermögen"(1933), *Ge-sammelte Schriften*, Bd.II-1, Hrsg. Rolf Tiedemann und Her-mann Schweppenhäuser (Frankfurt am Main: Suhrkamp, 1977), p.213. [최성만 옮김, 「미메시스 능력에 대하여」, 『언어 일반과 인간의 언어에 대하여 외』, 도서출판 길, 2008, 215쪽.]

89) Benjamin, "Über das mimetische Vermögen," p.212. [「미메시스 능력에 대하여」, 214쪽.]

90) Benjamin, "Über das mimetische Vermögen," p.213. [「미메시스 능력에 대하여」, 215쪽.]

91) Benjamin, "Über das mimetische Vermögen," p.213. [「미메시스 능력에 대하여」, 216쪽.]

92) Walter Benjamin, "Über den Begriff der Geschichte"(1940), *Ge-sammelte Schriften*, Bd.I-2, Hrsg. Rolf Tiedemann und Her-mann Schweppenhäuser (Frankfurt am Main: Suhrkamp, 1974), p.693. [최성만 옮김, 「역사의 개념에 대하여」, 『역사의 개념에 대하여 외』, 도서출판 길, 2008, 331쪽.]

93) Walter Benjamin, "Das Passagenwerk"(1940), *Gesammelte Schrif -ten*, Bd.V-1, Hrsg. Rolf Tiedemann und Hermann Schweppen -häuser (Frankfurt am Main: Suhrkamp, 1982), pp.577~578. [조

형준 옮김, 『방법으로서의 유토피아: 아케이드 프로젝트 4』, 새물결, 2008, 77~78쪽.]

94) Benjamin, "Über den Begriff der Geschichte," p.695. [「역사의 개념에 대하여」, 333쪽.]

95) Émile Benveniste, *Le Vocabulaire des institutions indo-europé-ennes*, t.2: Pouvoir, droit, religion (Paris: Minuit, 1969), p.109. [김현권 옮김, 『인도-유럽 사회의 제도·문화 어휘연구 II』, 아르케, 1999, 129쪽.]

96) Pierre Noailles, *Fas et jus: Études de droit romain* (Paris: Les Belles Lettres, 1948), p.57.

97) Noailles, *Fas et jus*, p.59.

98) Carl Schmitt, *Politische Theologie II: Die Legende von der Erle-digung jeder politischen Theologie* (Berlin: Duncker & Humblot, 1970), p.19.

99) Aristotelēs, *Metaphysica*, 1004a16. [조대호 옮김, 『형이상학 1』, 나남, 2012, 134쪽.]

100) Claude Lévi-Strauss, "Introduction à l'oeuvre de Marcel Mauss," in Marcel Mauss, *Sociologie et anthropologie* (Paris: PUF, 1950), p.l.

101) Jacques Derrida, *Marges de la philosophie* (Paris: Minuit, 1972), p.76.

102) Foucault, *L'Archélogie du savoir*, p.272. [『지식의 고고학』, 287쪽.]

3장. 철학적 고고학

1) Immanuel Kant, "Lose Blätter zu den Fortschritten der Meta-physik"(1791), *Gesammelte Schriften*, Akademie-Ausgabe, Bd. III (Berlin: De Gruyter, 1942), p.341.

2) Kant, "Lose Blätter zu den Fortschritten der Metaphysik," p.341.

3) Kant, "Lose Blätter zu den Fortschritten der Metaphysik," p.343.

4) Kant, "Lose Blätter zu den Fortschritten der Metaphysik," p.342.

5) Kant, "Lose Blätter zu den Fortschritten der Metaphysik," p.340.

6) Kant, "Lose Blätter zu den Fortschritten der Metaphysik," p.343.

7) Immanuel Kant, "Logik"(1800), *Werkausgabe*, Bd.VI, Hrsg. Wilhelm Weischedel (Frankfurt am Main: Suhrkamp), 1974, p.448.

8) Immanuel Kant, "Philosophische Enzyklopädie"(1767/68), *Gesammelte Schriften*, Akademie-Ausgabe, Bd.XXIX (Berlin: De Gruyter, 1973), p.7.

9) Michel Foucault, "Nietzsche, la généalogie, l'histoire"(1971), *Dits et Érits*, t.2: 1970-1975, éd. Daniel Defert et François Ewald, avec collab. Jacques Lagrange (Paris: Gallimard, 1994), pp.136~137. [이광래 옮김, 「니체, 계보학, 역사」, 『미셸 푸코 : 광기의 역사에서 성의 역사까지』, 민음사, 1989, 330쪽.]

10) Foucault, "Nietzsche, la généalogie, l'histoire," p.140. [「니체, 계보학, 역사」, 336쪽.]

11) Foucault, "Nietzsche, la généalogie, l'histoire," p.138. [「니체, 계보학, 역사」, 333쪽.]

12) Foucault, "Nietzsche, la généalogie, l'histoire," p.138. [「니체, 계보학, 역사」, 333쪽.]

13) Foucault, "Nietzsche, la généalogie, l'histoire," p.140. [「니체, 계보학, 역사」, 335~336쪽.]

14) Michel Foucault, "Entretien avec Michel Foucault"(1977), *Dits et Érits*, t.3: 1976-1979, éd. Daniel Defert et François Ewald, avec collab. Jacques Lagrange (Paris: Gallimard, 1994), p.147.

15) Franz Overbeck, "Kirchenlexicon Materialen: Christentum und Kultur," *Werke und Nachlass*, Bd.VI-1, Hrsg. Barbara von Reibnitz (Stuttgart-Weimar: Metzler, 1996), p.53.

16) Overbeck, "Kirchenlexicon Materialen," p.57.

17) Overbeck, "Kirchenlexicon Materialen," p.53.

18) Overbeck, "Kirchenlexicon Materialen," p.53.

19) Overbeck, "Kirchenlexicon Materialen," p.55.

20) Overbeck, "Kirchenlexicon Materialen," p.53.

21) Overbeck, "Kirchenlexicon Materialen," p.54.

22) Overbeck, "Kirchenlexicon Materialen," p.52.

23) Martin Heidegger, *Sein und Zeit* (Halle: Niemeyer, 1927; Tübingen: Niemeyer, 1972), p.21. [이기상 옮김, 『존재와 시간』, 까치글방, 1998, 40쪽.]

24) Heidegger, *Sein und Zeit*, p.21. [『존재와 시간』, 40쪽.]

25) Overbeck, "Kirchenlexicon Materialen," p.56.

26) Paolo Prodi, *II sacramento del potere: Il giuramento politico nella storia costituzionale dell'Occidente* (Bologna: Il Mulino, 1992), p.24.

27) Georges Dumézil, *Mythe et épopée*, t.3: Histoires romaines (Paris: Gallimard, 1973), p.14~15.

28) Dumézil, *Mythe et épopée*, t.3, p.15.

29) Antoine Meillet, *Linguistique historique et linguistique générale* (Paris: Champion, 1921; 1975), p.324.

30) Georges Dumézil, *Mythe et épopée*, t.1: L'Idéologie des trois fonc-tions dans les épopées des peuples indo-européens (Paris: Galli-mard, 1968), p.15.

31) Michel Foucault, *Les mots et les choses: Une archéologie des sciences humaines* (Paris: Gallimard, 1966), p.13. [이규현 옮김, 『말과 사물』, 민음사, 2012, 17쪽.]

32) Foucault, *Les mots et les choses*, p.13. [『말과 사물』, 17쪽.]

33) Michel Foucault, *L'Archélogie du savoir* (Paris: Gallimard, 1969), p.250. [이정우 옮김, 『지식의 고고학』, 민음사, 2000, 267쪽.]

34) Marcel Mauss, "Esquisse d'une théorie générale de la magie" (1902~03), *Sociologie et anthropologie* (Paris: PUF, 1950), p.111.

35) Mauss, "Esquisse d'une théorie générale de la magie," p.111.

36) Henri Bergson, "Le Souvenir du présent et la fausse reconnais-sance" (1908), *L'Énergie spirituelle: Essais et conférences* (Paris: PUF, 1919; 1949), p.137.

37) Walter Benjamin, "Das Passagenwerk" (1940), *Gesammelte Schrif*

-ten, Bd.V-1, Hrsg. Rolf Tiedemann und Hermann Schweppen-häuser (Frankfurt am Main: Suhrkamp, 1982), p.573. [조형준 옮김, 『방법으로서의 유토피아: 아케이드 프로젝트 4』, 새물결, 2008, 71쪽.]

38) Enzo Melandri, "Michel Foucault: L'epistemologia delle scienze umane," *Lingua e stile*, vol.2, no.1 (1967), p.78.

39) Melandri, "Michel Foucault," p.96.

40) Paul Ricoeur, *De l'interprétation: Essai sur Sigmund Freud* (Paris: Seuil, 1965), p.431. [『해석에 대하여: 프로이트에 관한 시론』, 인간 사랑, 2013, 629~630쪽.]

41) Ricoeur, *De l'interprétation*, p.432. [『해석에 대하여』, 631~632쪽.]

42) Enzo Melandri, *La linea e il circolo: Studio logico-filosofico sull' -analogia* (Bologna: Il mulino, 1968; Macerata: Quodlibet, 2004), pp.65~66.

43) Melandri, *La linea e il circolo*, p.67.

44) Sigmund Freud, *Der Mann Moses und die monotheistische Reli-gion* (Amsterdam: De Lange, 1939), p.223. [이윤기 옮김, 「인간 모세와 유일신교」, 『종교의 기원』, 열린책들, 2004, 414쪽.]

45) Freud, *Der Mann Moses und die monotheistische Religion*, pp. 223~224. [「인간 모세와 유일신교」, 415쪽.]

46) Cathy Caruth, *Unclaimed Experience: Trauma, Narrative and His-tory* (Baltimore: Johns Hopkins University Press, 1996), pp.17~18.

47) Michel Foucault, "Introduction (in Ludwig Binswanger, *Le Rêve et l'Existence* [*Traum und Existenz*])" (1954), *Dits et Écrits*, t.1: 1954-1969, éd. Daniel Defert et François Ewald, avec collab. Jacques Lagrange (Paris: Gallimard, 1994), pp.69~70.

48) Foucault, "Introduction," p.73.

49) Foucault, "Introduction," p.111.

50) Foucault, "Introduction," p.100.

51) Foucault, "Introduction," p.109.

52) Foucault, "Introduction," p.116.

53) Foucault, "Introduction," p.118.

54) Foucault, "Introduction," p.117.

55) Paolo Virno, "Un dedalo di parole: Per un'analisi linguistica della metropoli," *La città senza luoghi: Individuo, conflitto, consumo nella metropoli*, a cura di Massimo Ilardi (Genova: Costa & Nolan, 1991), p.74.

56) Benjamin, "Das Passagenwerk," p.589. [『방법으로서의 유토피아』, 95쪽.]

57) Foucault, "Introduction," p.99.

58) Foucault, "Introduction," p.99.

59) Hermann Usener, *Götternamen: Versuch einer Lehre von der rel -igiosen Begriffsbildung* (Frankfurt am Main: Klostermann, 1896; 2000), p.5.

60) Dumézil, *Mythe et épopée*, t.1, p.9.

옮긴이 후기

조르조 아감벤의 다른 저작들처럼 『사물의 표시』 역시 분량은 적으나 밀도는 높다. 그도 그럴 것이 이 책에는 대략 40년에 걸친 아감벤의 연구 실천을 가로지르는 '방법에 관한' 사유가 담겨 있다. 서문에서 아감벤은 최근 미셸 푸코의 방법으로부터 시사받은 바 크다 했다. 허나 이 책은 아감벤이 푸코와 본격적으로 조우하기 전부터, 그러니까 아감벤이 마르틴 하이데거, 아비 바르부르크, 발터 벤야민 등으로부터 영향을 받던 시절 자신의 책에서 내비친 도식들도 복기復棋/複記하고 있다. 허니 철학자 아감벤의 평생의 연구틀이 여기에 담겨 있다고 해도 과언은 아니겠다. 이 땅에서 아감벤의 철학은 유행이 이미 지났거나 아직 아니지만, 그로부터 아직 언젠가 배울 것이 있다고 여기는 주의 깊은 독자라면 이 책을 주저하지 않고 집어 들었거나 들기를 바란다.

이 책은 세 가지 개념 혹은 방법에 관한 아감벤의 성찰을 담고 있다. **패러다임**, **표시**, **고고학**. 아감벤의 궤적을 뒤쫓은 독자들은 이 책에서 논하는 개념들과 예시들이 그의 이전 저작에서 사용된 바 있음을 알 것이다. 옮긴이 주로 따로 밝히지는 않았으나 몇 가지 사례만 언급하면 다음과 같다. 근대 생명 정치의 '패러다임'으로서 수용소(『호모 사케르』), 통치 '패러다임'으로서 예외 상태(『예외 상태』), '예'와 '예외'(『도래하는 공동체』와 『호모 사케르』), '대명사'와 '순수 존재'(『언어활동과 죽음』), '성사,' '언어활동의 효력,' 에밀 방브니스트, 조르주 뒤메질, 헤르만 우제너(『언어의 성사』), 아비 바르부르크(「아비 바르부르크, 이름 없는 학문」, 『님프』), '유행'과 '비시대성'(「동시대인이란 무엇인가?」) 등. 이런 중첩과 반복은 단순한 자기 복제가 아니라 아감벤 본인이 밝히듯이 개별 사례로서의 패러다임과 다른 개별 사례들의 관계, 간단히 말하면 유비 관계로 이해되어야 한다. 독자들은 아감벤의 다른 저작을 읽으며 마주쳤을 수수께끼들을 풀 수 있는 실마리를 이 책에서 찾고 그의 사유를 다시 음미할 수 있을 것이다.

연구자는 학술 논문을 쓸 때 서론에서 방법론을 적시해둔다. 방법론이 제대로 서있지 않으면 연구 대상에 대한 분석은 갈피를 잃곤 한다. 이 점에서 방법론은 연구의 '시작점'처럼 보인다. 사람들은 이 책에서 제시된 방법론이 아감벤이 펼쳐 보이는 사유의 '기원'의 자리에 있다고 여기고픈 유혹에 빠질 수도 있다. 그렇지만 아감벤은 방법에 관한 성찰이 연구 실천의 마지막 혹은 끝에서 두 번째로 온다고 했다. 방법은 시간적으로 연구의 시작에 있는 것이 아니다. 방법은 연구를 마쳤을 때 (끝에서 두 번째로) 도달해 있을 일종의 '원리'(아르케)이다. 따라서 아감벤이 처음부터 의식하고 이 방법들을 자신의 저작에 썼다고 여기고 이후의 모든 작업을 이 방법들로 환원해서 읽지 않도록 조심해야 한다.

파라-데이그마

패러다임은 곧바로 토마스 쿤을 떠오르게 만든다. 쿤에게 패러다임이란 "한 시대 특정 분야의 학자들이나 사회 전체가 공유하는 이론이나 법칙, 지식, 가치"를 의미한다. 아감벤의 책을 읽어보면 paradigma에 대한 분석이 쿤의 '패러다임'으로부터 푸코의 '패러다임/예'를 거쳐 플라톤과 아리스토텔레스의 paradeigma, 즉 '예/본'本에 이름을 알 수 있다. 이는 paradigma를 한 단어로 옮기기 어렵게 만든다. paradigma를 일률적으로 '본'으로 옮길 경우, 플라톤적인 이데아나 형상 같은 원본을 상기시킬 위험이 있다. 아감벤이 주장하는 것은 원본과 모사물의 관계가 아니라 개별 사례에서 개별 사례로의 이행, 그 사례들 사이의 구조적 유사성이다. 아감벤 본인이 esempio나 esemplare 등의 단어를 따로 쓰고 있으니 '예'로 옮기기도 마땅치 않다. 그렇기 때문에 옮긴이는 부득이 paradigma를 '패러다임'으로 옮기고, 아감벤이 패러다임의 지배적인 사용(쿤의 용법)을 해체했다고 이해한다.

아감벤의 패러다임 정의에 가장 근접한 구절. "동일한 부류의 다른 모든 것에 들어맞으며, 그것이 부분이자 구성 요소가 되는 전체에 대한 이해 가능성을 정의하는 독특한 대상." 푸코의 『감시와 처벌』에 나오는 판옵티콘을 가지고 이를 설명해보자. 판옵티콘은 근대 권력의 규율적 양상을 보여주는 본보기이다. 판옵티콘의 작동 방식은 근대 권력의 다른 장치들인 공장, 병원, 학교 등에도 마찬가지로 적용 가능하다. 위에 열거한 각각의 시설들 혹은 장치들은 개별 사례이지만 그것들 사이에는 일종의 유비 관계가 성립되기 때문이다. 푸코가 판옵티콘을 다른 장치들의 본보기로 삼았을 때, 그것은 제레미 벤담이 구상한 감금 체계라는 맥락에서 떼어내어 다룰 수 없는 것이지만, 그것의 통상적 사용법에 국한되지 않고 근대 규율 권력의 본질 자체를 이해 가능하게 해준다.

개별 사례에서 다른 개별 사례로 나아가며, 또 그 개별 사례를 가지고 전체를 이해 가능하게 해준다는 말이 여전히 모호하다면, 아감벤이 든 다른 예를 보자. 굴절어인 라틴어에는 우리말과 달리 명사의 격변화가 있다. 명사는 문장 내에서 어떤 자격으로 쓰이느냐에 따라 그 형태가 변한다. 라틴어 명사의 격에는 주격, 속격, 여격, 대격, 탈격, 호격이 있다. 예컨대 장미를 뜻하는 rosa라는 명사는 위에 열거한 격의 순서대로 rosa, rosae, rosae, rosam, rosa, rosa로 변한다. 이런 형태 변화를 명사의 제1변화라고 칭한다. 하지만 이런 변화 형태는 숲을 가리키는 silva에도 적용 가능하다. silva는 silva, silvae, silvae, silvam, silva, silva로 변한다. 라틴어를 몰라도 단어의 끝부분이 -a, -ae, -ae, -am, -a, -a로 변하고 있음을 알아챌 수 있을 것이다. 애초에 rosa는 '장미'를 가리키는 명사이며 그것의 변화는 '개별 사례'였다. 하지만 그것은 동일한 부류에 속하는 silva라는 단어의 변화 형태에도 유비적으로 적용이 가능한 일종의 '본보기'가 됐다. 본보기로 쓰일 때 rosa에서 중요한 것은 그것의 의미('장미')가 아니라 그것의 변화 형태(-a, -ae, -ae, -am, -a, -a)뿐이다. 그리고 이 형태는 라틴어 명사의 제1변화 '전체를 이해 가능하게' 해준다. 아감벤이 강조하는 부분은 이렇다. 본보기로 쓰일 때 rosa는 장미를 가리킨다는 '통상적 사용'을 중지하고 변하는 모습이 '있는 그대로' 전시되어야 한다는 것. 이럴 때에만 rosa는 그것이 속한 전체를 이해 가능하게 만들 수 있다는 것.

아감벤이 paradigma를 그것의 어원인 paradeigma로 돌려보낼 때 핵심은 패러다임이 본디 '본'이나 예를 뜻한다는 것에만 있는 것은 아니다. paradeigma는 para-와 deiknymi의 합성어라는 것이 중요하다. 여기서 para-는 이중으로 이해된다. 첫째, 패러다임은 위에서 가리키거나(연역) 아래에서 가리키지(귀납) 않고 곁에서 가리킨다는 것. 즉, 개별 사례가 '곁에서/곁에 있는' 개별 사례를 가리키는 것이기에 일반과 특수의 이항 논리를 부순다는 것. 둘째, 이렇게 곁에서 가리키기 위해서는 그 개별 사례가 자신의 '곁으로' 물러서야 한다는 것. 즉, 제자리에 머물러서는(통상적 사용) 전체를 이해 가능하게 해줄 수 없다는 것. 이런 구도는 이전 저작에서 예고된 바 있다. 아감벤은 『도래하는 공동체』에서 "예의 고유한 자리는 항상 자신의 곁자리"라고 명시하고 나서 이 '예'를 한편으로 '특이성'과 연결하고, 다른 한편으로 모든 정체성을 박탈하고 귀속 자체(∈)를 전유하는 것으로 묘사한다. 그런 한에서 예는 임의의 존재quodlibet와 연결된다.[1]

ℵ 이쯤에서 잠시 아감벤의 작업에서 '남겨진 것'을 파보자.[2] 물론 이 문단은 아카데미즘의 '찌꺼기'임을 염두에 둘 것. 『호모 사케르』에서 아감벤은 예(배제적 포함)와 예외(포함적 배제)를 구분한다. 그리고 '예외'에 관한 사유로서 알랭 바디우의 『존재와 사건』을 언급한다. 하지만 아감벤의 바디우 독해에는 몇 가지 문제가 있다. 아감벤이 바디우의 책에서 주목하는 것은 '초과점의 정리,' 즉 집합 a보다 집합 a의 모든 부분집합으로 이뤄진 집합 p(a)가 더 크다는 정리이다. 이를 포함이 항상 귀속을 초과한다고 바꿔 말할 수 있다. 아감벤은 포

---

1) 조르조 아감벤, 이경진 옮김, 『도래하는 공동체』 꾸리에, 2014, 18~22쪽.
2) 다음의 논문에서 시사된 우리의 과제, 즉 알랭 바디우와 아감벤의 관계에 대한 작업. 박진우, 「조르조 아감벤: 남긴 것들, 그리고 남길 것들」, 『문학과 사회』(통권99호/겨울), 2012, 252쪽.

함과 의미, 귀속과 외시를 연결함으로써 의미가 외시를 넘어선다고 말하기도 한다. 바디우에게 초과점의 정리는 '돌출'과 밀접한 관련이 있다. 국가는 돌출의 영역이다. 하지만 아감벤처럼 '사건'을 국가가 보기에 일종의 '돌출'이라고 말하는 것은 돌출을 개념이 아니라 일상어로 깎아내리는 것에 지나지 않는다. 게다가 사건의 귀속 여부가 불분명하다는 것을 '돌출'과 연결시킨 것은 바디우에 대한 몰이해라고 볼 수밖에 없다. 아감벤의 주장과 달리 '예외'로서의 사건은 '특이한 것'과 연결된다. 또한 아감벤은 주권자의 예외를, 재현/포함될 수 없는 것이 예외 형태로 재현/포함되는 상황으로 묘사한다. 이것은 바디우 식대로 하면 사건에 관련된 진리(그것은 기존 백과사전의 규정자 아래에 놓이지 않으며 식별 불가능하다)가 상황의 상태 속에 정규화되는 형국이다. 하지만 이것은 귀속과 포함에 따른 항들의 분배(정규적인 것, 돌출, 특이한 것)와는 궤를 달리하며, 바디우는 배제됐던 것을 포함시키는(포함적 배제) 상황을 두고 예외적이라고 하지 않는다. 그런 상황은 아감벤의 주장처럼 돌출과 특이 사이의 비식별역인 것이 아니라 특이를 상태의 상태(국가)에 포함시키는 것일 뿐이다. 요컨대 아감벤은 사건이라는 바디우의 핵심 범주가 실상 예외의 구조에 대응한다고 했으나, 정작 아감벤의 설명에서는 '사건'에 대한 참조가 부재하거나 부정확하다. 아감벤이 말하는 주권적 예외에서 방점은 칼 슈미트적인 '주권적'에 찍힌 것이지 바디우적인 '예외'에 찍힌 것은 아니다. 바디우라면 아감벤에게 이렇게 응수했으리라. 주권자의 논리를 사건의 논리와 구별하지 못해서는 안 된다.

A가 B의 개념을 엄밀하게 가져다 쓰지 않았다고 지적하며 도취에 빠지는 것은 그 연구자의 급을 높여주지 않는다. 우리의 관심은 (제대로 설명됐어야 할) 예외 혹은 사건에 관한 바디우의 사유와 아감벤의 예의 구조가 유사함을 밝히는 데 있다. 아감벤의 예는 "어떤 집합에 속하지만 바로 그 때문에 자신의 집합을 드러내고 한계짓는 순간 그것에서 빠져나오게 된다. [예는 일반적인 경우에] 속한다는 사실을 드러내기 때문에 일반적인 경우로부터 배제된다."[3] 이렇게 빠져나온 예는 무규정성 혹은 텅 빈 공간에 놓인다. 하지만 규정/속성의 결여 혹은 박탈은 어느 원소가 그 집합에 귀속된다는 것이 무엇인지를 밝혀주는 귀속 자체를 전유하는 것과 뗄 수 없다. 이를 집합론의 용어로 표현해보자. 예는 개별singulier 사례로서 상황에 귀속/현시되지만 그것에 의해 포함/재현되지는 않는 상태에 놓이게 되는 것이다. 바디우는 이런 상황을 예외 혹은 특이한singulier 항으로 봤다. 그리고 이 특이한 항은 동시에 보편적인 것을 포함한다.

---

3) 조르조 아감벤, 박진우 옮김, 『호모 사케르: 주권 권력과 벌거벗은 생명』, 새물결, 2008, 67쪽.

시그나투라: 쿠오들리베트 엔스

우리가 예와 패러다임에서 봤던 '내용 없는 형식'이라는 도식은 아감벤의 저작 도처에 등장한다. 예컨대『언어활동과 죽음』의 셋째 날에서 아감벤은 '이것,' '저것' 같은 지시^{deixis} 대명사가 서구의 희랍 문법에서 어떻게 다뤄졌는지 추적한다. 지시^{deixis}는 지시하다^{deiknymi}의 명사형이다. 따라서 패러다임(paradeigma, para-+deiknymi)에 관한 성찰과 지시 대명사에 대한 성찰 사이에 모종의 관계가 있음을 눈치챌 수 있다. 대명사는 "사실 성질 없는 실체, 여하한 질적 규정을 앞서고 넘어서는 그 자체의 순수 존재를 의미한다."[4] 쉽게 말하면 이렇다. 지시 대명사에는 고유한 의미가 없고 문장이나 담화 속에서 무엇인가를 '지시'할 때만 그 의미가 규정된다는 것, 지시 대명사는 그때그때 다르고 '여러 가지 방식으로 말해진다'는 것. 이런 이유로 고대 문법학자들은 지시 대명사를 아리스토텔레스의 '제1실체'와 연결해서 이해했다. 이는 언어에서 대명사의 지위와 중세 철학에서 초월자^{transcendentia}의 그것을 대응시키는 초석이 된다. 그것보다 상위의 어떤 유^類도 갖지 않기에 초월자라 불리는 것(존재, 하나, 진, 선 등)은 어떤 구체적인 대상을 지칭함으로써 의미작용을 하는 것이 아니라 그런 대상에

---

4) Giorgio Agamben, *Il linguaggio e la morte: Un seminario sul luogo della negatività* (Torino: Giulio Einaudi, 1982), p.30.

항상 이미 보편적으로 포함되어 있기에 실질적인 어떤 것(성질, 속성)도 덧붙이지 않는 것을 가리킨다.

원래는 의미가 비어 있는 기호들이지만 말을 주고받는 담화 속에서 의미가 채워지는 이 대명사는 랑그(언어의 코드 체계)에서 파롤(구체적 발화 행위)로의 이행을 가능케 한다. 현대 언어학(아감벤은 방브니스트와 로만 야콥슨을 참조한다)에서는 지시 대명사 외에도 인칭 대명사(나, 너, 그 등)와 시간과 장소를 나타내는 부사(여기, 지금, 오늘, 내일 등)도 비슷한 기능을 하는 것으로 간주된다. 아감벤이 이런 언어 요소들(앞서 말했듯이 그것은 '지시'이다)에 주목하는 이유는 그것들이 기표와 기의의 통일을 가리키는 것이 아니라5) '언어행위가 일어난다는 사실'을 지시해주기 때문이다. 이것이 『유아기와 역사』의 서문이나 『목적 없는 수단』에 등장하는 '언어 경험/실험'experimentum linguae과 무관하지 않음은 두말할 나위 없다. 기표와 기의에 매몰된 기호론으로는 해명할 수 없는 기호에서

---

5) 아감벤은 이미 『스탄체』에서 페르디낭 드 소쉬르를 겨냥해 "기표(signans)와 기의(signatum)의 실증적 통일로 이해된 기호 개념을 고립시키는 것은 …… 형이상학 속에 기호에 관한 학문을 다시 떨어트리는 것이나 마찬가지이다"라고 주장했다. 그리고 방브니스트를 참조해 주석을 붙인다. "좁은 의미의 기호론적 전망에서는 언어 현상 전체를 해명할 수 없다." Giorgio Agamben, *Stanze: La parola e il fantasma nella cultura occidentale* (Torino: Giulio Einaudi, 1977/2006), p.186, n.1. 표시론은 이 언어 현상 전체를 해명하기 위한 전망으로서 고안된 것이다.

담화로의 이행을 가능케 하는 조건, 바로 그것이 난해하기 그지없는 '표시론'에서 아감벤이 표시(또는 푸코의 언표)를 통해 말하고자 한 것일 테다.

아감벤이 수집해 열거하는 표시의 목록에는 치료 효능을 가진 식물, 개인의 운명을 좌우하는 별자리, 유대인이 외투에 달고 다녀야 했던 노란색 표지, 경관이나 전령의 휘장, 캔버스 여백에 새겨진 작가의 서명, 동전의 값어치를 매기는 왕의 표지, 성사를 통해 우리가 받는 인호 등이 들어간다. 종횡무진하는 아감벤의 논의에서 놓치지 말아야 할 것이 있다. 표시란 징표나 기호에 달라붙어 그것을 유효하게 만들고 작용할 수 있게 만든다는 사실. 요컨대 중요한 것은 기표와 기의의 지시 관계나 자의적인 연결이 아니라, 표시에 의해 기호가 권력 관계 속에 놓이게 된다는 사실이다. 예컨대 유대인이 단 표지나 군인의 어깨에 달린 휘장이나 계급장 등은 그들에게 실체적인 변화를 야기하지 않으나 그들을 상대하는 이들이 그들을 어떻게 대해야 하는지 규정해준다. 작품에 부서된 작가의 서명 역시 그림에 새로운 속성을 부여하는 것이 아니라 작가가 작품에 대해 갖는 소유 관계를 나타내준다.

소쉬르는 『일반언어학 강의』에서 '가치'를 논하기 위해 체스놀이의 예를 든 적이 있다. "체스놀이의 말(가령 기사騎士)은 자기 하나만으로서 경기의 요소가 될 수 있는가? 분명 그렇지 않다. 왜냐하면 제 자리와 기타의 경기 조건 밖에서 순전히 그 물질성만 본다면, 이 말은 체스놀이꾼에게 아무것도 아니며, 자기의 가치를 다시 띠고 이와 혼연일체가 된 다음에야만 실재적이고 구체적인 요소가 되는 것이다. 경기 중 이 말이 깨졌다거나 분실되었다고 하자. 이 말을 동일한 자격이 있는 다른 말로 바꿀 수 있을까? 물론이다. 다른 기사로도 바꿀 수 있을 뿐만 아니라, 먼저의 말과 동일한 가치만 부여한다면 그와 비슷한 데가 전혀 없는 형상이라도 동일하다고 간주될 것이다. 따라서 언어 같은 기호 체계에서는 특정 규칙에 따라 요소들이 상호 연관되어 균형을 이루므로, 동일성의 개념은 가치의 개념이고 가치의 개념은 곧 동일성의 개념임을 볼 수 있다."[6] 여기서 소쉬르는 기호들에 내재한 가치가 있는 것이 아니라 그것이 다른 기호들과 차이나며 함께 놓인 속에서만 그 가치를 부여받는다는 주장을 하는 것일 테다. 그 기호가 기호들의 형세 속에서 차지하던 자리만 변하지 않으면, 그러니까 동일한 자격을 유지한다면 그 자리에 체스말이 들어가든 돌조각이 들어가든 그 가치는 동일하다는 것이다. 아감벤이 표시론을 통해 드러내려는 것은 이 '가치'가 그저 자의적이라거나 기호들 간의 차이에 의해서만 발생하는 것은 아니라는 것, 이 가치를 그 가치로 만들어주는 어떤 '표시'가 있다는 것, 체스말의 자리에 돌조각이 들어가도 상관없도록 만드는 '자격 그

---

6) 페르디낭 드 소쉬르, 최승언 옮김, 『일반언어학 강의』, 민음사, 1990, 133쪽.

자체'가 있으며 그것을 표시하는 '표시자' 역시 있다는 것이다. 이처럼 아감벤은 체스판에 비유될 수 있는 기호학의 장을 '초월'하는 제스처를 취하고 있다. 물론 그 초월이란 체스판을 뒤집는 것이 아니라 체스놀이를 가능케 하는 조건에 대한 분석으로 향하는 것이다.

아감벤 스스로 동전의 값어치에 대한 얘기를 했듯이, 표시론을 단순히 기호학에 대한 메타비평에 붙잡아둬서는 안 된다. 왜냐하면 표시론은 칼 맑스가 주장했던 상품물신성이나 화폐의 가치로 다시 돌아갈 것을 우리 곁에서 지시하기 때문이다. 페티시의 대상(또한 그것의 가치)은 전적으로 내적이지도 전적으로 외적이지도 않은 그 중간에 있는 것, 그렇기에 우리의 '마음에 드는 것'quod libet이자 '환영의 영역'에 있는 것이다.[7]

귀속 혹은 격格으로 돌아가자. 『도래하는 공동체』에서 아감벤은 도래할 존재의 형상으로 '그렇게-존재함'l'essere-quale을 든다. 이것은 보편자도 개별자도 아닌 임의의 특이성으로서 귀속성 자체를 지향한다.[8] 라틴어 여성 명사의 제1변화형을 논하면서 봤던 -a, -ae, -ae, -am, -a, -a를 상기하자. 이 '그렇게-존재함'은 어떤 존재자에 뭔가를 실증적으로 규정해서 덧붙이는 것이 아니라 그 존재자가 어떤 부류나 집합에 속할 때 전제되

---

7) 페티시즘에 관한 아감벤 논의로는 『스탄체』의 2부("오드라덱의 세상에서")를 참조하라.

8) 아감벤, 『도래하는 공동체』, 10쪽.

면서 그것을 초월하는 어떤 것이다. 때문에 그런 임의의 존재는 '유적'^{類的}/generico 존재라고 할 수도 있을 것이다. 이것을 형상화할 수 있는 방법은 무엇이 있을까?

여기서는 귀속이 문제가 되는 만큼 집합론을 떠올리는 것이 좋겠다. 특히 귀속을 표현하는 여러 방법 중에서도 벤다이어그램을 취해보자.

원소나열법으로 A={a, b, c}로 표현되는 것은 a, b, c를 그 안에 담고 있는 어떤 원으로 그릴 수 있다. 여기서 a, b, c는 A에 귀속된 것으로서 그와 관련된 어떤 속성을 갖는다. 우리가 알다시피 A의 영역 안에는 a, b, c로 현시된 정규항만 있는 것이 아니라 Ø도 들어 있다. 물론 그것은 부분집합을 셈할 때만 출현한다. 그런데 보편자(A)도 개별자들(a, b, c)도 아니고, 그렇다고 A에 현시되지 않고 포함되는 Ø도 아니면서, A의 공간을 확정^{Ortung}하면서 질서^{Ordnung}를 떠받치는 이 경계선(즉, 벤다이어그램)을 어떻게 이해해야 할까? 그것이야말로 a, b, c가 A에 귀속되는 것을 가능케 해주는 귀속성 자체가 아닐까? A에 의해 현시되지도 포함되지도 않고, A의 안에 있는지 바깥에 있는지 말하기도 어려운 이 '윤곽선'이야말로 a, b, c라는 원소들/존재자들의 존재요, A의 '그렇게-존재함'을 '표시'하는 것이 아니겠는가. 집합 A와 그것의 표시인 벤다이어그램이 동일하다는 것은 아감벤이 이 책에서 존재와 '존재의 겪음'이 동일하다고 말한 것을 형상화하는 사태일 테고 말이다.[9]

귀속이 위와 같은 것이라면, 귀속성 자체를 전유하는 순수 존재란 담벼락 위에 걸터앉은 험프티 덤프티 같은 것일 테다. 사람들'에게 사랑을 받는 존재'quodlibet ens, 하지만 담벼락에서 떨어지면 왕의 말로도 왕의 신하들로도 원래대로 되돌릴 수 없는 부서지기 쉬운 존재. 이 경계선 위에 있는 존재sur-vivant, 잔존하는 존재는 호모 사케르와 닮았다. 우리는 거기서 자연스레 미등록 이주노동자 혹은 난민 등을 떠올리곤 했지만, 그것이 아감벤이 하려 했던 말의 전부는 아닐 것이다. 그들은 배제의 '실례'는 될 수 있을지언정 '패러다임적 사례'는 될 수 없을 것이다. 물론 여기에는 난점이 있다. 모든 시민에게 '항상 이미' 전제되어 있는(모든 속성은 순수 존재의 바탕 위에서만 붙일 수 있다) 그러했던 바를 그러하게 있도록 혹은 그러하게 되어 있도록 한다는 것은 가능한가. 다시 말해 존재 가능성의 조건으로 넘어가는超越 것은 가능한가라는 아포리아. 이는 재버워키를 해석하는 것만큼이나 순수하게 언어활동 속에서만 일어나는 사태는 아닌지, 이 문학적 존재와 정치적 주체 사이에 간극은 없는지. 역사가 우리에게 알려주는 바, 문학적 상상력은

---

9) "존재는 겪음 속에, 즉 표시 속에 초월적으로 흩뿌려짐(散種)이다. 표시는 (언어와 관련해 언표들처럼) 순수하게 존재한다는 수준에서 사물을 표식하는 것이다. 단적인 존재(on haploús), 즉 순수 존재는 원표시자(arcisignator)로서, 존재자들에 그것의 초월적 표식을 새긴다"(본서의 2장 [「표시론」] 중에서 §18을 참조하라).

정치를 견인해왔다. 지금 여기에 적용 가능한 것으로서가 아니라 '그렇게 되어 있을'에 대한 '표시'로서. 그리고 그 항상 이미 전제되어 있는 것은 과거의 어느 시점에 지정 가능한 어떤 사건이 아니라 우리의 연구/실천(뒤에서 보겠지만 그것은 고고학적이다) 속에서 '그러했던 것이 될' x라는 것. 그러므로 '그렇게-존재함'은 '그러했던 게 될'과 '그렇게 되어 있을'이라는 시제 속에서만 그러하게 존재한다.

데시뇨-디세뇨

이제 아감벤의 표시론을 다른 방식으로 발전시켜보자. 표시 signatura는 signum에 힘을 불어넣는 것이다. 라틴어 designare는 완수를 나타내는 접두사 de-와 signare의 합성어인 바, 무언가를 지칭하거나 가리킨다는 것은 어떤 대상에 signum을 붙여줌으로써 그 대상을 담화와 권력의 장 안으로 끌고 온다는 뜻이다. 라틴어 designare는 이탈리아어 designare에 그대로 남아 '가리키다,' '표식하다'를 뜻한다. 아감벤의 표시론은 이 축에 바탕을 두고 있다.

하지만 designare에는 '윤곽을 그리다,' '도면을 그리다'라는 뜻도 있다. 이 두 번째 의미군群을 뜻하는 단어의 형태는 아예 disegnare로 변했고, 그 명사형은 disegno가 됐다. 알다시피 disegno에는 구상·계획해 도면을 그린다는 추상적 의미와 그것을 실행에 옮겨 소묘한다는 물리적 의미가 모두 들어 있었다.

유럽어에서 그 두 의미가 분할되고 심지어 상이한 단어로 분할되는 과정(프랑스어의 dessein/dessin, 영어의 design/drawing, 독일어의 Abzicht[Entwurf]/Zeichnung)은 자못 흥미로우며, 분할되기 이전의 designare에 '표시하다'와 '윤곽을 그리다'가 구분 불가능해지는 지점이 있다는 것 역시 눈길을 끈다.10) 이성적·관념적 의미(레온 바티스타 알베르티, 조르조 바사리)와 기술적 의미 사이에서 끊임없이 진동하던 disegno, 또한 회화의 가치가 어디에 있는지를 둘러싼 소묘^{disegno}(화가의 구상과 정교한 스케치) 대^{對} 색채^{colore}(실제 작업에서 실현되는 조형미)의 논쟁 역시 미술사의 기나긴 전통 중 하나이다. disegno가 오늘날 '디자인'까지 가리키며 사정은 더 복잡해졌다.11) 우리가 겨냥하는 바는 이렇다. 아감벤이 designare에서 designare로 이어진 언어-기호 전통을 따랐다면, 이제 designare에서 disegnare로 이어지는 또 하나의 전통에 아감벤이 명시적으로 말하지 않고 남겨둔 어떤 것이 있지 않겠는가?

이런 갑작스런 우회가 납득되지 않는다면 벤야민이 젊은 시절 쓴 「회화 혹은 기호 및 표식에 관하여」12)를 펼쳐보면 좋

---

10) Jacques Lichtenstein, "Disegno," *Vocabulaire Européen des Philosophies*, dir. Barbara Cassin (Paris: Seuil/Le Robert, 2004), pp.322~325.

11) disegno가 갖는 '윤곽 그리기,' '선 긋기'의 함의를 '디자인'에서 재확인하는 자크 랑시에르의 작업을 참조하라. Jacques Rancière, *Le destin des images* (Paris: La Fabrique, 2003), p.105. [김상운 옮김, 『이미지의 운명』, 현실문화연구, 근간.]

겠다. 1917년 여름 벤야민은 「회화와 그래픽」이라는 짧은 글에서 회화의 수직성과 그래픽의 수평성을 맞세운다. 그리고 그해 9~10월 문제의 위 글을 썼다. 이 글을 프랑스어로 옮긴 피에르 뤼쉬가 역주에서 밝혔듯이 이 글의 제목에서 기호^{Zeichen}는 '표를 하다,' '스케치하다'^{zeichnen}를 참조하고, 표식^{Mal}은 회화^{Malerei}를 참조한다. 따라서 이 글의 부제에 나오는 두 단어는 데생과 회화, 선과 색채 사이의 대립을 함축한다.[13]

우리는 이 단문의 서두부터 아감벤을 떠올리지 않을 수 없다. "절대 기호의 선(**그러한 바로서의**, 즉 그것이 표상하는 것과는 독립적인 주술적 선)."[14] 이 절대 기호의 선은 (언어에서 의미작용 기능에 대응하는) 표상 기능의 차원이 아니라 '그렇게-존재함'의 층위에 있는 것인 한에서 예나 패러다임과 유사할 뿐 아니라, 그것이 가진 '주술적' 능력에 있어서 '표시'와 닮아 있다. 벤야민이 드는 절대 기호의 예. 카인의 징표, 열 번째 재앙이 이집트를 덮쳤을 때 이스라엘인들의 집에 바른 [피의] 징표, 알리 바바와 40인의 도둑에서 도둑이 알리 바바의 집에 찍어둔 징표. 이 곁에 아감벤이 든 예들, 곧 유대인들이 재킷에 달고

---

12) Walter Benjamin, "Über die Malerei oder Zeichen und Mal," *Gesammelte Schriften*, Bd.II-2, Hrsg. Rolf Tiedemann und Hermann Schweppenhäuser (Frankfurt am Main: Suhrkamp, 1989), pp.603~607.

13) Walter Benjamin, "Sur la peinture, ou: Signe et tache," trad. Pierre Rusch, *Œuvres*, t.1 (Paris: Gallimard, 2000), p.172, n.1.

14) Benjamin, "Über die Malerei oder Zeichen und Mal," p.603.

다닌 노란색 천조각이나 경관이나 전령의 휘장, 병사들의 피아식별띠를 덧붙여도 전혀 이상하지 않을 것이다. 절대 기호의 반대편에는 절대 표식이 있으며, 그에 해당하는 것으로는 그리스도의 흉터, 얼굴 붉힘, 나병, 모반母斑이 있다. 우리는 뒤에서 이 둘의 차이로 다시 돌아올 것이다. 일단 아감벤의 '표시'와 벤야민의 '절대 기호' 사이의 근접성을 지적한 것에 만족하며 우리의 본래 의도인 데생과 회화의 차이로 돌아가자.

벤야민에 따르면 기호의 영역에서 '그래픽 선'은 흰 종이의 '표면' 위에 그려짐으로써 선이 출현하는 표면을 '바탕'으로 만든다. 역으로 이 바탕이 없으면 데생이라고 할 수 없다. 반면 회화에는 바탕도 없고 그래픽 선도 없다. 회화에서 중요한 것은 좁은 의미의 표식, 즉 매질^{Medium}이다.[15] 여기까지만 보면 벤야민이 그저 그래픽 아트와 회화를 구분함으로써 소묘 대 색채의 대립을 되풀이하는 듯 보인다. 하지만 벤야민은 그림이 그림으로 불리기 위해서는 그것과 다른 것, 표식을 초월하는 힘이자 그림을 산출했던 구상^{Komposition}에 기댈 수밖에 없다고 주장한다. 그리고 이 힘은 단어^{Wort}라고 덧붙인다. 따라서 벤야민은 표식 없는 데생(선과 바탕으로 이뤄진 그래픽 아트)과 명

---

[15] Mal을 사전적 정의에 따라 표식으로 옮겨서는 그것이 '그림' 혹은 색과 무슨 관계가 있는지 알기 어렵다. 때문에 프랑스어판 옮긴이인 피에르 뤼쉬는 Mal을 tache(점, 얼룩, 색채)로 옮긴다. 이런 함의를 염두에 두고 표식이라는 단어를 읽어야 할 것이다.

명되기 위해 사후적으로 구상, 즉 벤야민이 단어라고 부른 데 생의 층위에 다시 기댈 수밖에 없는 회화를 말하고 있다고 봐야 한다. 회화의 형상 역시 결국 기호^{Zeichen}로 환원되는 셈이다. 아감벤의 표시론의 바탕에 벤야민의 이런 (절대) 기호론이 깔려 있었을 수 있다면 여기에는 독립적인 회화론이나 색채론이 들어설 여지가 없다. 모든 것은 결국 언어의 구도로 귀결되기 때문이다. disegno를 언어 혹은 담론 쪽으로 한정하는 것은 호라티우스의 "시는 회화와 같다"$^{ut\ pictura\ poesis\ erit}$를 뒤집어 회화를 시와 같은 것으로 격상시키려 했던 르네상스 이론가들의 제스처, 특히 회화를 '담론 기술의 이성적 우주'로 규정하려 했던 소묘파의 그것을 반복하는 것임을 지적해두자.[16]

역사는 위와 같은 입장에서 벗어나는 몇 가지 길을 알려주고 있다. disegno를 이성이나 관념이 아니라 감각적 측면에서 규정하기, 색채파의 입장에 서서 색이 가진 매혹적인 힘을 옹호하기, "시는 회화와 같다"는 논리의 정립과 반정립 모두를 비판하면서 회화의 종별성을 옹호하는 모더니즘의 입장에 서기 등. 이것들은 우리가 가려는 길이 아니다. 사실 벤야민 스스로 선과 색의 대립을 지양하는 한 사례를 지나가듯이 언급했다. '수묵화'에서는 "붓의 윤곽은 눈에 띄고, 색은 투명하게

---

16) 소묘파와 색채파의 논쟁과 관련해서는 다음을 참조하라. Jacqueline Lichtenstein, *La couleur éloquente: Rhétorique et peinture à l'âge classique* (Paris: Flammarion, 1989).

칠해진다. 심지어 채색된 바탕 역시 보존된다."[17] 우리는 포함과 귀속에 대한 철학적 사유가 윤곽선 그리기를 통해 내/외부를 나누는 데생론과 뗄 수 없으며, 이는 다시 언어-기호론 쪽으로 이끌렸다고 했다. 이 길을 거꾸로 되짚어 오를 때 우리는 데생도 서구 회화도 아닌 수묵화가 내/외부나 포함과 귀속 문제를 근본적으로 다시 사유할 수 있는 철학을 잉태하고 있음을 인정해야 할 것이다. 하지만 이에 대한 탐구는 다른 이의 몫이거나 우리의 남겨진 과제이다.

스푸마토

이 글에서 우리가 따를 길, 다른 하나의 패러다임은 레오나르도 다빈치가 「모나리자」, 「세례 요한」, 「성 안나와 함께 있는 성 모자상」 같은 작품에 적용한 그 유명한 스푸마토[sfumato] 기법이다.[18] sfumato는 동사 sfumare의 과거 분사형이며, 여기서 sfumare는 '연기처럼 사라지다'라는 뜻이다. 이 기법은 윤곽선을 흐릿하게 사라지게 만들면서 분위기와 뉘앙스를 부각한다. 다빈치는 기하학적 원근법을 벗어나 입체감을 살려 극도의 자연주의를 실현하기 위해서는 음영을 잘 써야 한다고 여겼다. 그림자의 섬세한 성질을 그리려면 "당신의 그림자와

---

17) Benjamin, "Über die Malerei oder Zeichen und Mal," p.606.

18) 다빈치의 스푸마토 기법에 대해서는 다음을 참조하라. Alexander Nagel, "Leonardo and sfumato," *Res*, no.24 (Autumn 1993), pp.7~20.

빛이 필치나 표적 없이 연기의 방식으로senza tratti o segni, a uso di fumo 뒤섞이게 해야 한다."[19] 필치나 표적은 붓의 지나갔음 및 화가의 손때를 함축한다. 전통적으로 손길이 많이 가는 곳 은 으레 형상과 형상이 겹쳐지거나 형상과 배경을 구분해줘야 하는 경계이다. 스푸마토는 세심하게 자신의 흔적을 연기처럼 지우는 흔적이다. 스푸마토 기법은 단순히 밑그림의 선을 색 으로 덮는 것이 아니다. 만일 그랬다면 그것은 색채파를 선취 한 것에 지나지 않았을 것이다. 스푸마토는 형상과 바탕/배경 의 뚜렷한 경계, 즉 '윤곽+선'을 식별 불가능한 무한한 뉘앙스 의 흔적으로 만든다.

2010년 유럽의 공동 연구진들은 엑스선 형광분광 분석법 을 이용해「모나리자」를 포함한 다빈치의 그림들에 적용된 스 푸마토 기법의 비밀을 밝혀냈다.[20] 그 기법은 극히 미세하고 반투명한 층을 시간을 두고 여러 겹 씌움으로써 완수된다. 각 기 1, 2 내지 3 미크론(1mm의 1/1000)되는 얇은 층이 최대 30겹까지 누적됨으로써 미묘한 빛과 그림자가 만들어진 것이 다. 층이 두꺼울수록 어둡게 보일 것임은 물론이다. 다빈치는

---

19) Jean-Paul Richter, *The Literary Works of Leonardo da Vinci*, 2nd ed. (London: 1939), p.492; Nagel, "Leonardo and sfumato," p.11. 재인용.

20) Laurence de Viguerie, Philippe Walter, Eric Laval, Bruno Mottin, and V. Armando Solé, "Revealing the sfumato technique of Leonardo da Vinci by X-ray Fluorescence Spectroscopy," *Angewandte Chemie International Edition*, vol.49 (2010), pp.1~5.

이 장치를 통해 자신의 생각, 즉 그림자는 빛의 감소요 어둠은 빛의 결여이기에 빛과 어둠 사이에는 무한한 변주가 있다는 생각[21]을 실현할 수 있었다. 다빈치는 불연속적이고 인위적인 중첩을 통해 자연의 연속성과 무한분할 가능성에 다가가려 했던 것이다.

이렇게 돌고 돌아 우리가 손에 쥘 한줌도 안 될 시사점은 이렇다. 예와 예외에 관한 아감벤의 논의는 존재자의 속성들과 순수 존재라는 일종의 '범주론'을 전제하며, 귀속과 포함을 통한 경계 설정이라는 '데생/디자인론'을 함축한다. 하지만 이것은 이제 스푸마토라는 패러다임 또는 장치에 의해 대체보충될 수 있다. 패러다임과 장치를 나란히 놓는 것에 놀라서는 안 될 것이다. 판옵티콘이 패러다임이자 장치라는 사실을 상기한다면.

패러다임으로서 스푸마토. 아감벤에게 있어서 예(배제적 포함)와 예외(포함적 배제)는 경계선 자체는 명료하게 놔둔 채 그 안과 밖을 넘나드는 것의 양상에 의해 구분된다. 말하자면 주권자는 바깥에 나갔다가 안으로 들어오며, 예 또는 패러다임은 안에 있다가 바깥/곁으로 밀려나는 셈이다. 하지만 아감벤이 벤야민을 따라 강조했듯이 오늘날 예외가 상례常例가 됐다면 이 형세를 우리는 어떻게 그려볼 수 있을까? 우리는 여

---

21) Nagel, "Leonardo and sfumato," pp.8~9.

전히 이전의 방법으로 사태를 그릴 수 있을까? 예외가 상례가 될 때 우리에게 도래하는 것은 법도 규칙도 없는 무질서가 아니다. 모든 것은 그대로이면서 '아주 조금'의 분간하기 어려운 차이, 즉 뉘앙스(음영, 색조)가 주어진다. 9·11 이후 애국자법이 시행되어도 미국인들은 똑같이 일터에 나가고 장을 보고 텔레비전을 보며 맥주를 마신다. 식별하기 어려운 아주 조금의 그림자가 그들의 삶에 드리워졌을 뿐, 그들을 바탕이나 환경으로부터 선명하게 떼어내는 것이 불가능할 뿐, 모든 것은 그대로이다. 예외의 상례화를 지칭하고 그릴 수 있는 방법이 바로 패러다임으로서 '스푸마토'이다. 이는 한낱 은유가 아니라 다른 분야의 사례들에 적용 가능한 '유비'로 이해해야 할 것이다. 그리고 이것은 우리에게 우울한 소식을 들려준다. 유대인들이 믿었던 도래할 세계, 모든 것이 이곳과 꼭 같고 모든 것이 지금과 같이 남아 있으나, 조금 다르게 변해 있을 그런 세계.22) 하지만 메시아가 재림할 때 도래해 있어야 할 이 세계, 이 조금 다른 세계가 이미 도래했다면 우리는 어떻게 해야 할까? 공포와 희망을 동시에 자아내는 파국에 관한 무수한 소문

---

22) 아감벤, 『도래하는 공동체』, 45쪽. 아감벤은 어느 인터뷰에서 자신이 염세주의자가 아니라고 했다. 이 말은 문자 그대로 받아들여져야 한다. 메시아의 재림과 관련한 아감벤의 긍정적 전망에 대해서는 다음을 참조하라. 양창렬, 「조르조 아감벤: K」, 『현대 정치철학의 모험』, 도서출판 난장, 2010, 240~247쪽.

들은 우리 곁에 이미 도래해 있는 이 '조금 다른' 세계를 알아
보지 못한 호들갑이라고 한다면 도대체 우리에게 어떤 선택지
가 남아 있는 것일까? 이 우울한 소식은 완전한 예외 상태에
대한 전망이 때를 놓쳤고 우리는 아무 일도 없던 듯이 살고 있
음을 알려준다. 조금 다르게, 식별할 수 없을 만큼.

장치로서 스푸마토. 서구 정치철학의 패착 중 하나는 범주
론이다. 범주론은 현실을 명료하게 분석할 수 있게 해주는 만
큼 실천을 흐릿하게 만든다. 달리 말하면 범주론에서 배제되
어 '예외'의 자리에 배치된 것이 반드시 생성으로 이어지는 것
은 아니다. 이를 깨달았던 사상가들은 피지배자들이 왜 자신
의 지배를 그렇게 욕망하는가라고 끊임없이 물어야 했다. 그
자리에 대중, 제3신분, 산업 노동자, 피식민지 원주민, 성적 소
수자, 그 누가 들어가도 사정은 마찬가지였다. 그들의 부여받
은 속성과 정체성으로부터 생성과 운동이 자연적으로 발생한
적은 없다. 그 속성이 정규적인 것이든 예외적인 것이든. 이
아포리아에 대한 범주론적 사유의 답변은 궁색하다. 바디우의
철학이 알려주듯이 사건의 자리에서 사건이 일어나는 것은 철
저히 우연이라는 것, 아감벤의 철학이 알려주듯이 그것은 결
국 메시아의 재림을 준비하고 기다려야 한다는 것. 기호와 표
식(얼룩, 색채)의 차이에 대한 벤야민의 지적은 의미심장하다.
"기호는 [바깥에서] 찍히지만, 반대로 표식은 [안에서] 튀어나
온다."[23] "기호는 더 명백하게 공간적 관계를 함축하고 더 인

격과 관련되지만, 표식은 그 어떤 인격적 측면도 내쫓고 더 시간적 의미를 갖는다."[24] 기호, 나아가 아감벤이 말하는 표시는 어떤 초재성을 끌어들인다. 표시만큼이나 표시자는 인격적일 수밖에 없고, 그런 의미에서 최고의 표시자는 기호에 힘을 부여함으로써 안과 바깥의 경계를 설정하는 신 또는 주권자이다. 반면 표식은 내재적이며, 거기에서는 인격적인 요소가 들어설 자리가 없을 뿐 아니라 '시간성'을 포함한다. 벤야민이 표식과 관련해서 들려주는 원죄와 속죄의 이야기는 잠시 잊자. 스푸마토는 그 장치의 '광학 효과'가 외부에서 새겨진 기호에 의해서가 아니라 시간을 두고 켜켜이 쌓인 층들의 내적인 '다중 인화'에 의해 만들어진 것임을 보여주기에 충분하다. 이것은 지그문트 프로이트의 중층결정 개념을 철저히 유물론적으로 사유하는 것과 연결된다.

그리고 주체와 매체^{medium}. 스푸마토에서 핵심은 형상과 바탕/배경의 비식별역이 지워진 흔적마냥 드러나고 감춰진다는 것이었다. 주체란 한 폭의 그림 위 그 무수한 얼룩이 된다. 근대의 독아적 주체란 기실 연기같이 사라진 붓질과 손때의 흔적을 의식하지 못한 존재일 것이다. 디지털 시대에 주체란 각종 장치들과의 접속을 끊기 어렵고, 장치들을 통해 타자와 상

---

23) Benjamin, "Über die Malerei oder Zeichen und Mal," p.605.
24) Benjamin, "Über die Malerei oder Zeichen und Mal," p.604.

시 연결되어 있다는 것은 널리 알려진 바이다. 나의 페이스와 친구의 페이스를 북킹해주는 매체는 곧 내 페이스^face/pace에 말려든 '그'와 그의 페이스에 말려든 '나'가 병존하는 환경이다. 이 '말려든 주체'는 인접한 바탕을 낯설어 하고 멀리 떨어져 있는 바탕에 친숙해 하며, 마찬가지로 그의 '페이스'는 언제나 먼 과거와 먼 미래로 정향되어 있다. 때문에 가장 모호하게 남아있는 현재를 포착하기 위한 연구 방법이 요청된다.

아르케올로지아

스푸마토가 패러다임이요 장치라고 한다면, 우리는 그것을 어떻게 분석할 수 있을까? 이것은 인간과학에 극히 어려운 과제를 던져준다. 그도 그럴 것이 인간과학은 엑스선 형광분광 분석법 같은 물리적 수단에 기댈 수 없기 때문이다. 우리의 사유 능력은 겹겹이 쌓인 막들의 존재를 분리해낼 수 있을까? 중첩된 막들이 빛을 받아 개별 막 본연의 색과는 다른 광학 효과를 낸다면 우리는 이 외양으로부터 막의 요소들로 거슬러 올라갈 수 있을까? 어디까지 거슬러 올라가야 할까? 혹은 그 막들의 두께를 짐작이나 할 수 있을까?

이 난문들을 한꺼번에 해결할 수 있는 단 하나의 방법론은 없다. 스푸마토가 우리에게 알려주듯이 최고의 자연스러움은 최대의 인위 위에 서있다. 그리고 역사는 이 자연스러움을 관습으로 만들기도 하지만 시간은 거기에 균열을 가져온다. 인간과학이 오늘을 읽기 위해 출발해야 하는 '지표/증거'가 바로 그 '균열'에서 주어진다. 이 균열지점(혹은 발생지점)을 읽는 작업을 고고학이라고 부를 수 있을 것이다.

고고학은 본디 archaios와 logos의 합성어('옛 이야기'라는 뜻)이지만 아감벤은 그것을 아르케^{archē}에 대한 학$^{學/logos}$으로 이해한다. '옛,' '오랜'이 '아르케'로 바뀜으로써 고고학은 과거의 지정 가능한 어느 시점$^{時點/始點}$에 대한 탐사이기를 그친다. 아감벤이 고고학을 통해 도달하려는 아르케는 "시간 속에서 전제된 기원이 아니라 오히려 통시태와 공시태의 교차로에 위치하고 있으며, 연구 대상의 과거뿐만 아니라 연구자의 현재도 이해할 수 있게" 만드는 것이다. 고고학이 도달하려는 지점, 통시태와 공시태의 교차점이라고 불리는 그 지점은 '벽개면' 또는 균열이라고 불리기도 하는 만큼 어느 '순간'이 아니라 눈에 띄지 않는 변화, 작은 '틈'으로 봐도 무방할 터. 그 틈을 비집고 우리는 문서고의 문서를 탐색해 역사 '전체'를 꿰뚫을 수 있을 것이다. 마치 패러다임이 개별 사례이면서 그것이 속한 전체를 이해 가능하게 만들어줬듯이, 아르케에 대한 탐구는 그것이 속한 전체를 이해 가능하게 만들어준다. 아감벤이 푸코에 대한 해석에 의거해 고고학을 논하는 것은 사실이나 벤야민의 영향을 잊어서는 안 될 것이다. 벤야민은 「역사의 개념에 대하여」 여섯 번째 테제에서 이렇게 쓴다. "과거를 역사적으로 표현한다는 것은 그것이 '원래 어떠했는가'를 인식하는 일을 뜻하는 것이 아니다. 그것은 위험의 순간에 섬광처럼 스치는 어떤 기억을 붙잡는다는 것을 뜻한다. 역사적 유물론의 중요한 과제는 위험의 순간에 역사적 주체에게 예기치 않게 나타나는 과거의 이미지를 붙드는 일이다."[25] 이 점에서 고고학자는 벤야민이 말하는 역사적 유물론자이기도 하겠다.

아감벤의 역사-시간론을 떠받치는 것은 앙리 베르그손의 추억론이다. 베르그손의 그 유명한 도식, 즉 우주에 대한 나의 현실적 표상(P)이라는 네모판 위 현재(S)의 꼭지점에서 거꾸로 선 기억들 전체(SAB)로서의 원뿔 말이다. 이를 통해 아감벤은 '이제까지의 모든 역사'를 총체적으로 바라보는 관점을 취한다.[26] 이는 (연구 대상을 어떻게 설정하느냐에 따라) 서구사 전체, 지구사 전체, 우주사 전체로 확장 가능하다. 물론 이 관점은 즉각적으로 지각되는 현재에 매달리거나 막연히 추억을

---

25) 발터 벤야민, 최성만 옮김, 「역사의 개념에 대하여」, 『역사의 개념에 대하여 외』, 도서출판 길, 2008, 334쪽.

26) 이것은 김진석의 표현이다. 김진석은 20년 전에 우리가 다루는 주제들(하이데거나 데리다의 역사론, 푸코에게 있어서 역사적 선험과 계보학, 역사의 연속성과 불연속성 등)을 정확히 건드렸다. 김진석이 푸코에게 던지는 물음은 이렇다. 푸코가 역사서술에서 불연속주의를 관철시킬 수 있는가, 푸코가 서양이라는 거대한 통일적 연속성을 근본적으로 의문에 부칠 수 있었는가, 푸코가 시간과 역사 안에서의 속도의 관점을 가졌는가? 아감벤의 『사물의 표시』는 이런 물음에 대한 답변으로 읽을 수 있다. 놀랍게도 아감벤이 해석한 푸코와 김진석의 입장은 구별할 수 없으리만치 닮아 있다. 김진석, 「푸코 발생학의 발생지」, 『니체에서 세르까지: 초월에서 포월로·둘째권』, 솔, 1994, 179~205쪽. 독자들의 일독을 권한다.

회상하는 것으로 얻어지는 것은 아니다. 이 지점에서 고고학이 지닌 시간성이 대두된다. 아감벤의 책을 꼼꼼히 읽어본 독자는 알겠지만, 과거로의 퇴행은 고고학적 아르케에 대한 탐구를 통해서 전미래를 경유해 현재성을 파악하기 위한 전략이다.

하지만 아감벤의 방법은 푸코의 고고학의 '명시적' 부분을 희생시키는 한에서 성립한다. '호모 사케르' 연작에서 제시된 아감벤의 패러다임 분석[27]은 좋은 의미에서든 나쁜 의미에서든 시대착오적이다.[28] '근대' 생명정치의 패러다임을 분석한다면서 '생'^{生}이라는 개념을 조에와 비오스로 구분했던 희랍인들의 시대(하지만 우리가 가진 문헌들을 놓고 볼 때 두 단어가 명확히 구분됐다고 보기는 어려운 것이 사실이다)로 달음질하고 로마 시대의 '호모 사케르'에 매달리는 아감벤의 서술 방식은 독자들을 갸웃거리게 만들었다.[29] 푸코가 주권과 사법 질서에

---

27) 아감벤은 '철학적 고고학'을 '패러다임론'과 동일시한다. 그것은 '표시'를 읽어내는 작업이라고 말해도 좋다. 니콜라 마샨다로가 지적했듯이 아감벤은 패러다임, 표시, 고고학의 상호관계를 되풀이해서 표현한다. "고고학은 늘 패러다임론이다," "표시의 패러다임," "표시의 고고학," "고고학자의 제스처는 모든 참된 인간 행위의 패러다임이다" 등. Nicola Masciandaro, "Conjuring the Phantasm (Review of Giorgio Agamben's *Signature of All Things*)," *Theory and Event*, vol.13, no.3 (2010), n.11.

28) 현대 철학자들이 공통으로/저마다 쓰고 있는 (비)동시대성 또는 시대착오 개념을 정리하기 위해서는 별도의 자리가 필요하다.

29) 우리는 다른 자리에서 이 문제를 다룬 바 있다. 양창렬, 「생명권력인가 생명정치적 주권권력인가: 푸코와 아감벤」, 『문학과 사회』(통권75호/가을), 2006, 238~254쪽.

의거한 권력론과 세심하게 구분하려 했던 생명권력은 우리를 규정한 '근대'란 무엇인가라는 물음에 대한 답변이었다. 그것은 특정한 시간과 특정한 공간 속에서 결정된 대상에 대한 탐구였다. 반면 아감벤은 자신의 작업이 역사서술이 아니라 패러다임에 대한 분석이라고 밝히고 있다. 따라서 사람들의 갸웃거림은 오해라는 것. 생을 좋은 삶과 벌거벗은 생명으로 분할하는 것에 바탕을 둔 주권적 예외의 활동이 생명정치 패러다임의 준거인 한, 생명정치는 주권의 역사만큼이나 오래된 것이다. 그렇다면 이렇게 말할 수도 있겠다. 고대의 노예나 추방된 자에서 오늘날 포로수용소의 저항군들에 이르기까지 그들의 '그렇게-존재함'은 동일하다고. 아감벤의 패러다임론은 역사의 한 장이 넘어가는 단절지점 혹은 역사의 시퀀스를 규정하던 특이한 계기들을 지정할 수 있는가(우리 식대로 하면, 스푸마토 기법에 의해 그려진 그림 속에서 한 겹과 다른 겹을 구분할 수 있는가)라는 물음을 기각한다.

　푸코가 역사서술의 불연속주의를 여러 차례 부인했다는 아감벤의 보고는 사실과 다르다. 이미 『지식의 고고학』의 준비를 거의 마쳤던 시기에 했던 중요한 인터뷰에서 푸코는 자신이 사건들 사이의 단조로운 공백이 아니라 명시된 전환들 transformations spécifiées의 놀이에 천착했다고 밝혔다. 인터뷰를 보면 전자가 불연속*la* discontinuité에, 후자가 불연속들*les* discontinuités에 대응함을 알 수 있다.[30] 푸코는 이것이 조르주 캉길렘의 방법의 예들을 따른 것임을 밝히고 있다. 푸코가 단수 형태의 불연속을 거부했다고 해서 곧 연속론자나 패러다임론자가 되는 것은 아니다. 푸코의 관심은 마치 생명을 지닌 듯 시대를 뚫고 지속 또는 잔존하는 어떤 것(아감벤이 바르부르크의 '정념정형' 개념에서 읽어내는 것은 바로 그것이다. "이미지들의 생명")이 아니라 한 국면에서 다른 국면으로 역사가 이행하는 순간 포착되(어야 하)는 변형들, 비유하면 지층들 사이의 균열들이었다. 따라서 푸코의 연구 방법은 역사의 오래된 물음과 상이한 물음들을 대면하는 것으로 이뤄진다. "어떤 지층들을 서로 분리할 것인가? 그 지층 각각에 어떤 유형, 어떤 시기구분 기준을 채택할 것인가? 각 지층 사이에서 어떤 관계 체계(위계, 우세, 단계적인 분포, 일방적 결정, 순환적 인과성)를 서술할 것인가?"[31] 요컨대 각 지층들을 어떻게 분류하고 그들 사이의 관계를 어떻게 설정할 것인가라는 물음, 아감벤이 푸코의 패러다임론을 강조하면서 축소한 또 하나의 방법론은 바로 그것이다. 스푸마토 장치가 인간과학에 던지는 물음이라고 우리가 적었던 것들은 푸코의 이 물음과 다른 것이 아니다.

---

30) Michel Foucault, "Réponse à une question"(1968), *Dits et Érits*, t.1: 1954-1969, éd. Daniel Defert et François Ewald, avec collab. Jacques Lagrange (Paris: Gallimard, 1994), pp.673~695.

31) Michel Foucault, "Sur l'archéologie des sciences: Réponses au Cercle d'épis -témologie"(1968), *Dits et Érits*, t.1: 1954-1969, op. cit., p.697.

꼬리를 무는 다른 물음 하나. 아르케, 어쩌면 그 x라는 것은 우리가 너무도 자연스럽게 전제하기에 전부터 항상 있었다고, 곧 시원적인 어떤 것이라고 오해하는 어떤 '착시 효과'의 산물이 아닐까? 그 x는 망각되거나 잠복하다가 회귀하는 어떤 것이 아니라 시대를 거슬러 반복적으로 인용부호 없이 인용되는 도식, 따라서 인위적인 어떤 흔적도 남기지 않는 흔적이 아닐까? 고고학이 도달해야 할 것은 무시간적으로 혹은 전全역사적으로 '그렇게-존재함'이 아니라 바로 이 '인위'^{artifice}일 것이다. 아감벤의 방법의 '발전 가능성'은 외려 『사물의 표시』에 누락된 '장치론'과의 연결에 그 단초가 있을 것이다. 그것은 흔적을 지우는 흔적에서 균열을 찾아내는 것일 테다.

⚜

김상운이 1장인 「패러다임이란 무엇인가?」의 초벌 번역을 해줬음을 적어둔다. 공역자로 이름을 올렸어야 마땅하다. 그럼에도 불구하고 나의 이름만 덩그렇게 놔두는 것은 이 모자란 번역의 '과'過와 그에 대한 '질정'을 홀로 감수하기 위함이다.

찾아보기

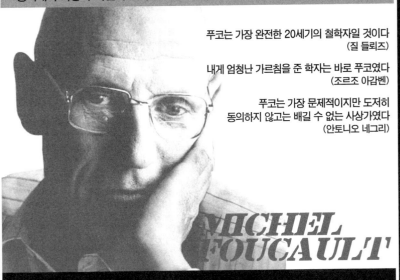

사물의 표시
방법에 관하여

초판 1쇄 인쇄 | 2014년 2월 17일
초판 1쇄 발행 | 2014년 2월 24일

지은이 | 조르조 아감벤
옮긴이 | 양창렬
펴낸곳 | 도서출판 난장·등록번호 제307-2007-34호
펴낸이 | 이재원
주   소 | (121-841) 서울시 마포구 서교동 458-15 하이뷰오피스텔 501호
연락처 | (전화) 02-334-7485 (팩스) 02-334-7486
블로그 | blog.naver.com/virilio73
이메일 | nanjang07@naver.com

책값은 뒤표지에 있습니다.
잘못 만들어진 책은 구입한 서점에서 바꿔드립니다.
ISBN 978-89-94769-14-1 03100

이 도서의 국립중앙도서관 출판시도서목록(CIP)은
서지정보유통지원시스템 홈페이지(http://seoji.nl.go.kr)와
국가자료공동목록시스템(http://www.nl.go.kr/kolisnet)에서
이용하실 수 있습니다.
(CIP제어번호: CIP2014004151)